Leonard Ennen

Über den Geburtsort des Peter Paul Rubens

mit Beilagen

Leonard Ennen

Über den Geburtsort des Peter Paul Rubens
mit Beilagen

ISBN/EAN: 9783744610223

Hergestellt in Europa, USA, Kanada, Australien, Japan

Cover: Foto ©ninafisch / pixelio.de

Weitere Bücher finden Sie auf **www.hansebooks.com**

Ueber den

Geburtsort

des

Peter Paul Rubens,

mit

Beilagen.

Von

Dr. L. Ennen.

Köln, 1861.
Verlag der M. DuMont-Schauberg'schen Buchhandlung.

Druck von M. DuMont-Schauberg.

Unter den Standbildern, welche die Aussenseiten des Museums Wallraf-Richartz in Köln schmücken sollen, schien der hervorragende Repräsentant der niederländischen Malerschule, Peter Paul Rubens, nicht fehlen zu dürfen. Die Männer, welche dem hochherzigen Erbauer des neuen Museums die für die plastische Darstellung zu berücksichtigenden kölner Berühmtheiten vorzuschlagen beauftragt waren, wussten recht wohl, dass man sich in der letzten Zeit daran gewöhnt hatte, der Stadt Köln die grössten niederländischen Künstler als Eingeborene auf das entschiedenste abzusprechen; sie verhehlten sich aber nicht, dass die gegen Köln vorgebrachten Gründe in offenem Widerspruch mit den Zeugnissen der Tradition sowohl wie unverdächtiger historischer Autoritäten stehen. Die Zuversicht, mit der die Gegner der Stadt Köln ihre Ansicht als unangreifbare historische Gewissheit hinstellen, konnte jedoch die genannte Commission nicht überzeugen, dass in der Frage über den Geburtsort des Peter Paul Rubens das letzte Wort gesprochen sei. So lange nicht bis zur klarsten Evidenz der Nachweis erbracht war, dass Rubens *nicht* in Köln geboren sein *könne*, lag für unsere Vaterstadt keine positive Nöthigung vor, auf die Ehre, den Rubens zu ihren eingeborenen Söhnen zu zählen, in bester Form zu verzichten. Einzelne in der jüngsten Zeit erst entdeckte Angaben und Actenstücke im kölner Archiv liefern den Beweis, dass die Gründe, welche man gegen Köln geltend gemacht hat, keineswegs so durchschlagend sind, wie man uns gern einreden möchte. Die am Schlusse dieser Abhandlung zum Abdruck gebrachten Actenstücke lassen sich recht wohl mit den von Bakhuizen ermittelten Thatsachen vereinen; mit Bakhuizen's Folgerungen und Ausführungen treten sie aber in den grellsten Widerspruch; nur dann kann der Widerspruch zwischen unseren Archivalien und den unzweifelhaft feststehenden Daten aus dem Leben der Eltern unseres Meisters beseitigt werden, wenn wir annehmen, dass P. P. Rubens nicht in Siegen, sondern in Köln geboren ist.

Bevor Bakhuizen mit der überraschenden Behauptung hervortrat, dass der grösste deutsche Maler das Licht der Welt in dem früheren nassauischen Städtchen Siegen erblickt habe, hatten lange die reichen Handelsstädte Köln und Antwerpen die Ehre, Vaterstadt des unsterblichen Meisters zu sein, einander streitig gemacht. Cornille de Bie, Belloni, Sandrardt und Moreri sprachen sich für Antwerpen aus; Florent le Comte dagegen, Basan, Michel, Gelenius und in neuerer Zeit Emil Gachet, entschieden sich für Köln; Houbraken und F. X. de Burtin hielten mit einem definitiven Urtheil zurück, konnten aber nicht verhehlen, dass die Wahrscheinlichkeit mehr für Köln als für Antwerpen spreche. Mit besonderer Heftigkeit schien die Frage über den Geburtsort des Peter Paul Rubens discutirt werden zu sollen, als Professor Wallraf im Januar 1805 in Nr. 58 der Kölnischen Zeitung den Vorschlag machte, „dem Apelles der deutschen Maler" in Köln auf dem Cäcilienplatze ein Monument zu errichten. Die Akademie der schönen Künste zu Antwerpen nahm von diesem Vorschlage Veranlassung, die schwebende Frage einer neuen genauen Untersuchung zu unterziehen. Der Ehren-Secretair des Administrationsrathes der Akademie, Joseph von Ertborn, und das Mitglied der Akademie, F. X. de Burtin, wurden mit dieser Aufgabe betraut[1]. Vergebens waren ihre Bemühungen um neue Resultate zu Gunsten der Stadt Antwerpen, im Gegentheil stellten sich die Ansprüche Antwerpens immer zweifelhafter, und die allgemeine Ansicht neigte sich dahin, dass Ant-

---

[1] Briefe im kölner Stadt-Archiv.

werpen auf das fragliche Ehrenrecht zu Gunsten seiner Rivalin Köln verzichten müsse. Nachdem de Burtin alle Mittel erschöpft hatte, um die Frage über den Geburtsort unseres Meisters in definitiver Weise zu entscheiden, schrieb er: „Ich will selbst freimüthig eingestehen, dass nach einer Anzahl von Nachforschungen, die mehr mühevoll als fruchtbar waren, ich mehr Beweisgründe für als gegen die Geburt des Rubens in Köln finde." Fast fünfzig Jahre wiegte sich Köln in dem angenehmen Gedanken, dass ihm die in Rede stehende Ehre nicht weiter streitig gemacht werden könne. Da trat im Jahre 1853 der holländische Gelehrte Bakhuizen van der Brinck in einer historischen Untersuchung über die Ehe Wilhelm's von Oranien[1]) mit der Behauptung auf, nicht Köln, sondern die ehemals nassauische Stadt Siegen sei der Geburtsort unseres Peter Paul Rubens. Er stützte seine Ausführungen auf bis dahin unbekannte Urkunden. Emil Gachet, der seinem Namen bereits im Jahre 1840 durch Herausgabe der bis dahin unbekannt gebliebenen Briefe von Rubens einen guten Klang verschafft, und Köln die Ehre gegeben hatte, trat im Echo de Bruxelles unbedingt auf die Seite seines gelehrten Freundes. Er erklärte, dass das Problem, „Dank den ausdauernden Bemühungen Bakhuizen's, endlich gelöst sei; fortan sei in Betreff des rubens'schen Geburtsortes kein Widerspruch mehr möglich; Bakhuizen's Aufstellungen seien so klar und so bestimmt, dass alle Zweifel, welche bei dieser historischen Frage aufstiessen, verschwinden müssten". In der That scheinen Bakhuizen's Deductionen und Ausführungen so rund und überzeugend, dass man jede Gegenrede für ungereimt und überflüssig halten möchte. In Köln fühlte man dies, und in Nr. 40 der Kölnischen Zeitung von 1845 schien der Berichterstatter über die Resultate des Bakhuizen'schen Buches geneigt zu sein, für Köln den Verzicht auf die Ehre,

---

1) **Het huwelyk van Willem van Oranje met Anna van Saxen, Amsterdam** 1853.

den grossen Maler der Welt geschenkt zu haben, förmlich zu unterschreiben und anzuerkennen. Nur Herr Düntzer protestirte dagegen, dass nach den von Herrn Bakhuizen neu ermittelten Thatsachen die historische Streitfrage über den Geburtsort unseres Rubens definitiv beantwortet sei und dass die Ausführungen desselben in dieser Angelegenheit die Acten geschlossen hätten.

Nach den neuen Feststellungen Bakhuizen's hatte der Vater unseres Malers, der aus den niederländischen Wirren nach Köln geflohen war, die geschäftlichen Beziehungen zu der Gemahlin des Prinzen Wilhelm von Oranien, Anna von Sachsen, zur Anknüpfung eines unerlaubten Liebes-Verhältnisses benutzt. Das verbrecherische Verhältniss blieb nicht lange geheim. Das Kind, dessen die Prinzessin im August 1571 genas, war die Frucht dieses Umganges. Wilhelm und seine Familie weigerten sich, die Legitimität dieses Kindes anzuerkennen. Anna hatte sich im Anfang des Jahres 1571 nach Siegen im Nassauischen zurückgezogen; sie empfing auch hier wiederholte Besuche ihres Anbeters. Im März 1571 begab sich Rubens wieder auf den Weg nach Siegen; der Graf Johann von Nassau liess ihn auf der Reise aufheben und gefangen nach Dillenburg führen. Das Leben des verwegenen Verführers war in Gefahr. Die arme betrogene Gattin hatte vergebens drei Wochen lang mit Sehnsucht auf Nachrichten von ihrem Gatten geharrt. Brief auf Brief hatte sie an die Prinzessin gesandt, Boten auf Boten ausgeschickt, um Nachricht von ihrem Manne zu erhalten. Endlich kam die Schreckens-Nachricht, dass ihr Gatte auf den Tod gefangen sitze, weil er bei der leichtfertigen Prinzessin die eheliche Treue gebrochen hatte. Die Liebe zu ihrem Gatten überwand bei der geistesstarken Frau recht bald den Schmerz über die erlittene Kränkung. Aus vollem Herzen verzieh sie ihrem Gatten seinen Fehltritt, und sie bot alles auf, um ihm die Freiheit wieder zu verschaffen. Die flehendsten Bittschreiben machten beim Grafen Johann von Nassau nur geringen

Eindruck; der Graf blieb hart und unerbittlich. Maria Rubens begab sich persönlich nach Dillenburg. Graf Johann empfing sie freundlich, aber er gab ihr keine Aussicht, den Gefangenen bald befreit zu sehen; nicht einmal wurde ihr gestattet, ihn auf nur wenige Augenblicke zu sprechen. Sie liess nicht nach, dem Grafen Johann sowohl, wie dem Prinzen Wilhelm in der rührendsten Weise die Noth und Verzweiflung einer verlassenen Mutter und betrogenen Gattin ans Herz zu legen. Ueber zwei volle Jahre blieben alle Bitten wie alle persönlichen Bemühungen ohne Erfolg. Rubens musste in der Einsamkeit des dillenburger Kerkers schwer für sein Vergehen büssen. Endlich schien sich der Zorn des Grafen Johann zu legen. Als die Ehefrau des Rubens eine Bürgschaft von 6000 Thalern anbot, liess sich der Graf zur Nachgiebigkeit bereit finden. Im Anfang des Jahres 1573 erhielt sie die Erlaubniss, den Eingekerkerten in seinem Gefängniss zu besuchen und bald darauf wurde Rubens aus seiner engen Haft entlassen.

Ueber die näheren Umstände und Bedingungen der Freilassung erhalten wir keine Aufschlüsse. Nur der am 15. Mai 1578 abgeschlossene Vergleich zwischen Rubens und dem Bevollmächtigten des Grafen Johann gibt einige Andeutungen über diese Bedingungen. „Der Graf," heisst es hierin, „liess ihm die Milderung widerfahren, dass ihm erlaubt wurde, seine häusliche Wohnung zu Siegen anzustellen, sich auch in seinem Hause still einzuhalten[1]". Bakhuizen berichtet, die Maria Rubens habe mit der Freilassung ihres Gemals die Vorgünstigung erhalten, in Gemeinschaft ihres Mannes an einem sichern Orte der Grafschaft Nassau zu wohnen; sofort habe sie ihren Hausstand in Köln aufgegeben, ihre bewegliche Habe nach Siegen geschafft und in diesem Städtchen mit der ganzen Haushaltung bis in das

---

1) Bakhuizen, 1.

Jahr 1578 in Ruhe und Frieden gewohnt. Bakhuizen beruft sich auf kein einziges Zeugniss und auf kein einziges Actenstück, wodurch diese Behauptung bewiesen werden könnte. Er scheint sich einzig auf die angeführten Worte des Vergleichs von 1578 zu stützen. Wir erlauben uns aber, diesen Schluss mit allen Consequenzen so lange zu beanstanden, bis wir durch unwiderlegliche historische Documente überzeugt werden, dass der fünfjährige Aufenthalt der Ehefrau Rubens in Siegen wirklich auf Wahrheit beruht. Auf Grund der schon oben angeführten officiellen Actenstücke des stadtkölnischen Archivs halten wir uns für berechtigt, zu behaupten, dass Maria Rubens bis zu ihrer Rückkehr nach Antwerpen ihren gewöhnlichen Wohnsitz in Köln gehabt und dem zu Folge ihren Sohn Peter Paul auch in Köln geboren habe.

Johann Rubens, nach seiner eigenen Schreibweise Ruebens, war 1530 zu Antwerpen von wohlhabenden Eltern geboren. Der talentvolle Mann, der sich in Italien den Titel eines Doctors beider Rechte erworben hatte, würde recht bald zu hohen Ehren emporgestiegen sein, wenn er in Bezug auf seine Rechtgläubigkeit nicht in bösen Verdacht gekommen wäre. Eine unverhohlene Hinneigung zu den wiedertäuferischen Ideen wurde ihm zum Vorwurf gemacht. Er vertheidigte sich aber gegen diese Anschuldigung mit solchem Erfolge, dass der Rath von Antwerpen ihn von seinem Verdacht reinigte und ihm ein günstiges Zeugniss ausstellte. Wirklich verdiente er dieses Zeugniss. Obwohl Freund der Religionsfreiheit, stand er doch nicht als erklärter Protestant auf Seiten der Neuerer; er suchte, wie der Raths-Pensionär Wesenbecke, sowohl in kirchlichen wie in politischen Dingen ein vorsichtig gewähltes Juste-milieu zu behaupten. Vom Jahre 1562 bis 1568 wurde er in seiner Vaterstadt jedesmal zum Schöffen gewählt. Die unentschiedene, zweifelhafte Stellung, welche er in den immer wilder brausenden kirchlichen und politischen Stürmen einnahm, machten ihn bei der zur Herrschaft gelangten exclusiv katholisch-königlichen Partei missliebig und verhinderte 1568 seine Wiederwahl.

Seit dem Tode des Kaisers Karl V. hatte der Protestantismus in den Niederlanden bedeutend an Boden gewonnen. Die von Karl ausgegangenen schweren Ketzer-Edicte verfehlten gänzlich die Wirkung, welche man davon erwartet hatte. Durch solche Mittel war es unmöglich, die wankenden Ueberzeugungen wieder zu festem Halt zu bringen. Das freiheitsstolze Volk erkannte in diesen Edicten einen Eingriff in die persönliche Freiheit und eine Untergrabung der gesetzlich garantirten Landes-Verfassung. Auch diejenigen, denen die neue Lehre ein Gräuel war, erhoben entschieden Protest gegen die Ketzer-Plakate. Die Aufregung nahm von Tag zu Tag an Ausdehnung zu; die Unzufriedenheit griff immer weiter um sich. Inquisition, trienter Concil und Vermehrung der Bisthümer waren die Schlagworte, durch welche die aufgeregten Gemüther in fortwährender fieberhafter Spannung gehalten wurden. Vor Allem war es der Abscheu vor der spanischen Inquisition, welcher die Spannung aufs höchste steigerte. Mit oder ohne Bewusstsein verwechselte man das der bischöflichen Gewalt anklebende Inquisitionsrecht mit den Gerichten der so sehr gefürchteten spanischen Inquisition; man ängstigte das Volk damit, dass die spanische Regierung durch die Einführung ihrer Inquisitions-Gerichte jeden freien Gedanken, jedes freie Wort, jede freie Regung mit Blut und Kerker unterdrücken, jede mercantile Blüthe vernichten und den Wohlstand des Landes untergraben wolle. Der Adel sowohl wie die niedere und höhere Bürgerschaft wurden durch die Vorspiegelung solcher Schreckgestalten gegen Spanien in den bittersten Kampf getrieben. Eine fieberhafte Bewegung durchzuckte das ganze Land und erfüllte alle Schichten der Gesellschaft mit dem erbittertsten Hass gegen die Spanier. Der Haupttheerd der Unruhen war die reiche Handelsstadt Antwerpen. Hier fand die Bewegung eine starke Stütze an den vielen reichen protestantischen

Kaufleuten, die von allen Seiten des Handels wegen hierhin zusammengeströmt waren. Weil die Stadt durch jede strenge Massregel gegen die Anhänger des protestantischen Bekenntnisses die Interessen des städtischen Handels gefährdet fürchtete, war sie der kirchlichen Bewegung nicht hindernd in den Weg getreten. Sie blieb passiv, bis alles in wildem Aufruhr begriffen war. Allerwärts erhob sich der Aufstand, die Kirchen wurden erstürmt, die Bilder niedergerissen, die Heiligthümer in den Koth getreten, die heiligen Gefässe entweiht; überall Gewaltthat, Verwüstung, wilder Gräuel. Wenn auch die Bewegung tief in die ganze Einwohnerschaft eingriff, so verstand es doch der Adel, sich der Fäden des Aufruhrs zu bemächtigen; ihm, der über und über verschuldet war, lag Alles daran, Mittel und Wege zur Befriedigung seiner Ehr- und Geldsucht zu finden. Der Adel hatte einen nicht geringen Theil daran, dass in den Niederlanden die reformatorischen Bestrebungen sich mit der offenen Revolution gänzlich identificirten. Das Staatsinteresse erforderte energischen Widerstand, und es war der Beweis einer ihr Interesse klar erkennenden Politik, dass die Regierung alles aufbot, um zugleich mit der Reformation auch jedes Gelüste zur Revolution zu unterdrücken. König Philipp's Streben ging dahin, das neue Kirchenwesen in der tiefsten Wurzel auszurotten. Der Mann, dessen er sich zu diesem Zwecke bediente, war der als strenger Royalist und Katholik bekannte Herzog von Alba. Dieser begann seine Verwaltung damit, dass er einen Rath der Unruhen (von den Gegnern Blutrath genannt) einsetzte, der mit strengster Schärfe alle kirchlich und bürgerlich Verdächtige überwachen und zur Rechenschaft ziehen musste. Unter dem Eindruck der Urtheile, die der Rath der Unruhen fällte und zur Vollziehung brachte, verliess das geängstigte Volk massenhaft das Land. Auch Wilhelm von Oranien, der seit einigen Jahren an der Spitze der von den Unzufriedenen ausgehenden Bewegungen gestanden hatte, war schon im Jahre vorher der drohenden Hand des

Herzogs von Alba entflohen. Von Jugend auf hatte er Zuneigung für die neue Lehre gefühlt; politische Rücksichten hatten ihn aber abgehalten, seine Ueberzeugung offen auszusprechen. Bei den Unterhandlungen, die in Betreff seiner Vermählung mit der Prinzessin Anna von Sachsen geführt wurden, hatte er sich der spanischen Regierung gegenüber den Schein gegeben, als wenn er nur mit dem innersten Widerstreben seiner zukünftigen Gattin die freie Uebung des protestantischen Bekenntnisses gestatten wolle. Der Familie der Braut gegenüber dagegen machte er von seiner Gesinnung kein Hehl. „Es hat sich aber der Prinz wohl bedächtig darauf erboten und unter andern, obwohl er die wahre christliche Religion in seinen Landen noch zur Zeit öffentlich nicht predigen lassen dürfe, so wäre er doch derselben herzlich geneigt. Es solle auch dem Fräulein sein Gewissen in Religionssachen frei gelassen, ihr auch ein evangelischer Prädicant und der rechte Gebrauch der Sacramente in ihrem Zimmer unverhindert gestattet werden." Als Statthalter von Holland, Seeland und Utrecht hatte er erwartet, dass ihm beim Abgange der Regentin Margaretha die Stelle eines General-Statthalters werde übertragen werden. Es war auf der einen Seite gekränkter Ehrgeiz, auf der anderen Liebe zum Protestantismus und zur nationalen Unabhängigkeit, was ihn gegen Spanien in die Waffen rief. Der Prinz sowohl wie seine Gemahlin Anna von Sachsen hatten schon das Land verlassen, bevor noch Alba mit einem starken spanischen Heere in den Niederlanden erschienen war. Während der Prinz Alles aufbot, alle Unzufriedenen zu einer bewaffneten Opposition gegen die gegewaltthätige Regierung des Herzogs zu organisiren, weilte die Prinzessin in Köln, wo sie Sicherheit gegen die drohenden Maassnahmen des Herzogs Alba gesucht hatte.

Seit in den Niederlanden Aufruhr und Verfolgung entfesselt worden, hatten die Meisten, welche den drohenden

Stürmen entgehen wollten, ihren Blick nach der blühenden Handelsstadt Köln gerichtet. Hierhin strömten schon seit der Mitte der sechsziger Jahre alle die Elemente zusammen, welche in den Niederlanden keine Sicherheit mehr für Person und Ueberzeugung finden konnten. Recht bald begannen aber auch die Emigranten die Gastfreundschaft, mit der sie so freundschaftlich aufgenommen worden, in undankbarer Weise zu missbrauchen. In Verbindung mit den Resten der Reformation, die sich seit den Zeiten Hermann's von Wied noch in Köln erhalten hatten, suchten sie zu Köln der Reformation sowohl wie der niederländischen Revolution eine starke Rückwand zu bauen. Köln sollte als Basis für die Operationen der niederländischen Emigration gegen die Regierung des Herzogs Alba ins Auge genommen werden. Bald wurde offen und mit kühner Ostentation für die Plane agitirt, für die man anfänglich nur im Stillen und Geheimen gewirkt hatte. Freudig reichten die geheimen Reformfreunde einzelnen blutgewohnten aufständischen Horden, die 1566 von Utrecht und St. Trond nach Köln zogen, zu offenem Aufruhr in der Stadt Köln die Hand. Jetzt erst trat dem Magistrat recht lebhaft die Gefahr vor Augen, welche der Ruhe der Stadt und dem katholischen Bekenntniss von Seiten der eingewanderten Fremden drohte. Darum publicirte er 1567 ein Edict des Inhalts: „Niemand darf einem Fremden, der kein Zeugniss seiner Rechtgläubigkeit beizubringen vermag, eine Wohnung vermiethen; jede Zuwiderhandlung wird mit 25 Goldgulden Strafe oder vierteljährigem Gefängniss geahndet. Alle Fremden müssen bei Strafe der Ausweisung ein amtliches Zeugniss über ihr kirchliches Bekenntniss, so wie über den Grund ihrer Auswanderung beibringen. Kein Fremder darf bei Nachtzeit auf der Strasse betroffen werden. Der Ruf: „„Vivent les gueux!"" wird mit Kerker bestraft. Jeder, der ausserhalb des Stadtringes ein Ehebündniss abschliesst oder ein Kind ausserhalb der Stadt taufen lässt oder seine Kinder nicht seinem Pfarrer zur Taufe schickt, verliert das Bürgerrecht:

wer ohne den Empfang der h. Sacramente stirbt, soll auf dem Judenacker beerdigt werden[1]." Es fusste dieses Edict auf der schon 1566 verlesenen und 1567 wiederholten Morgensprache, in welcher es heisst: "Weiter thut ein Rath jetzo im Werk befinden, dass viel auswendiges Volk, besonders aus den Niederlanden in diese Stadt kömmt, die bei Bürgern und Wirthen sich niederlassen, desswegen gebieten unsere Herren vom Rath, dass ein jeder Bürger, Wirth und Einwohner alle Fremden und Gäste, so in die Stadt kommen, alle Abend dem Bürgermeister schriftlich anzeigen und deren keinen verschweigen, bei ernster Strafe. Als auch unsere Herren vom Rath etliche Mal gebieten und abrufen lassen, dass kein Bürger noch Einwohner einige Fremde, so ausländisch in diese Stadt kommen, unterschleifen, denselben Häuser, Wohnungen noch Kammern vermiethen sollen, sie hätten denn unseren Herren vom Rathe glaubwürdigen Schein und Beweis beigebracht, wie sie aus anderen Orten und Städten geschieden seien, was auch ihr Treiben, Handel und Wandel sei; so wollen unsere Herren vom Rath solches Gebot nochmals wiederholt und erneuert haben[2]."

Trotz dieser strengen Edicte vermehrte sich die Zahl der eingewanderten Protestanten von Tag zu Tag. Unter diesen nahmen die hervorragendste Stellung ein die Mutter des hingerichteten Grafen von Hoorn und die Gemahlin des Prinzen von Oranien, Anna von Sachsen. Die Gräfin Anna von Hoorn, geborne Egmont, "hatte sich in ihrem beschwerlichen Zustande nach Köln begeben und dort niedergesetzt, und der Rath erzeigte sich dermassen christlich und mitleidig gegen dieselbe, dass er ihr zur Verzehrung ihres Pfinnings Herberge günstig zuliess." Die Prinzessin von Oranien versuchte von Köln aus der allgemeinen Confiscation, welche über die Güter des Prinzen Wilhelm aus-

---
[1] Beilage Nr. 6.
[2] Handschrift im Stadt-Archiv.

gesprochen war, die Besitzthümer zu retten, auf welche das ihr zugesicherte Einkommen eingetragen war. Das Haupt-Augenmerk war hierbei auf die Rettung der 32,000 Gulden Heirathssteuer gerichtet, welche der Prinz von Oranien im Jahre 1566 in Antwerpen gegen Hypothek zinsbar angelegt hatte[1]). Die Betreibung dieser Angelegenheit hatten zwei ausgezeichnete Juristen, Johann Betz und Johann Rubens, in die Hand genommen. Betz hatte schon seit einigen Jahren bei den Unternehmungen Wilhelm's von Oranien eine hervorragende Rolle gespielt. Bei der Unterwerfung Mechelns hatte er das Land verlassen müssen und war nach Köln geflohen. Hier traf ihn die Prinzessin Anna, und so lange er in Köln weilte, ruhten die oranischen Rechtsgeschäfte hauptsächlich in seiner Hand. Er wohnte auf der Breitstrasse in Herrn Lyskirchen's Behausung [2]). Ein ähnliches Vertrauen wie Betz genoss auch der frühere antwerpener Schöffe Johann Rubens. Rubens hatte zwar nicht auf der Alba'schen Proscriptionsliste gestanden; jeden Tag aber war er der Gefahr ausgesetzt gewesen, dass Neid und Bosheit seine Person dem Henker und sein Vermögen dem Fiscus überantwortete. Darum hatte er es vorgezogen, das Land zu verlassen und nach Köln überzusiedeln. Nach seiner eigenen Erklärung war er im Jahre 1568 mit seiner Familie nach Köln gekommen, „um selbst seine Affairen und Processe zu fördern und andere bestimmte Zwecke zu erreichen[3])." Auf Grund eines vom antwerpener Rathe ausgestellten Certificates war ihm bescheinigt, dass er sich in seinem Vaterlande stets fromm, ehrlich und löblich aufgeführt habe, sowohl in kirchlichen wie in politischen Dingen nicht gebannt noch verfolgt sei und ebenwenig wegen böser und ungebührlicher Dinge verdächtig[4])". Auf Grund dieses Zeug-

---

1) Groen van Prinsterer, corr. III., 341.
2) Handschrift im Stadt-Archiv.
3) Beilage Nr. 17 und 18.
4) Beilage Nr. 17.

nisses schien das strenge Fremdengesetz auf ihn nicht angewandt werden zu können. Durch die mündliche Erklärung des Rathscommissars von Lyskirchen wurde ihm die Versicherung gegeben, dass seine Niederlassung in der Stadt dem Rath nur angenehm sei und dass er frei, sicher und ungehindert in Köln seinen Wohnsitz aufschlagen könne. Im Vertrauen auf diese Zusicherung miethete er Haus, Hof und Weingarten im Preise von 266 Thalern und richtete seinen Hausstand zu dauerndem Aufenthalte in Köln ein. Das Haus, welches er bezog, lag „vor St. Marien bei Hermann Koch, gegen des Herrn Pastors Haus über[1])." Durch die kirchliche Haltung, welche er gleich nach seiner Niederlassung angenommen hatte, war er beim Rath recht bald in üblen Verdacht gekommen. Im Jahre 1568 hatte der Rath eine besondere Commission ernannt, welche genaue Verzeichnisse von allen Fremden, Protestanten, ketzerischen Schulmeistern und Prädicanten aufnehmen sollte. Dieses Verzeichniss führt von den „Geusen und anderen Fremden und Ausgewiesenen, so dieser Zeit in Köln sich verhalten und nicht in ihre Kirchspielskirchen kommen, viel weniger beichten und communiciren", ausser den 45 einheimischen protestantischen Familien 115 eingewanderte ketzerische Haushaltungen auf. In dem Verzeichniss der letzteren findet sich die Bemerkung: „Gegen des Herrn Pastors Hauss über wonet ein gewesener Scheffen, welcher keine Kirch frequentirt[2])." Auf Grund dieser Anzeige liess der Magistrat diesem Schöffen kund thun, dass er ein genügendes Zeugniss aus seiner früheren Heimath beibringen müsse, wenn er noch fernerhin in Köln geduldet werden solle. Erst Anfangs April des folgenden Jahres reichte Rubens das verlangte Certificat ein. „Das Document der Stadt Antwerpen wegen Abscheidens M. Johannes Rubens ist verlesen und hat ein Ehrb. Rath sich dasselbe zum Anfang gefallen lassen;

---

1) Protocoll im Stadt-Archiv.
2) Beilage Nr. 10.

wenn aber einem Ehrb. Rath andere Kundschaft zukommen wird, alsdann soll ihm fernerer Bescheid angesagt werden[1]." Dieser fernere Bescheid liess nicht lange auf sich warten. Bald decretirte der Rath: „Ein Ehrb. Rath hat angesehen, dass viel fremdes Volk, sonderlich aus den Niederlanden, anhero sich in der Stadt niedergelassen, auch viele so im jüngsten Zuge wider den König von Spanien und sonst andere Chur- und Fürsten gedient und wider des heil. Reichs Landfrieden mit der That gehandelt, dass also einem Ehrb. Rath nicht rathsam bedünken will, demselben länger zuzusehen und hat ein Ehrb. Rath derohalb für gut und rathsam angesehen und vertragen, den Bürgern so den Auswendigen wider eines Ehrb. Raths Edict Häuser vermiethet haben, laut der Morgensprache zu strafen[2]." Gemäss dem beim Rath neuerdings eingereichten Verzeichnisse hatte sich die Zahl der neugläubigen einheimischen Familien auf 100 und die der ausländischen auf 150 vermehrt. Unter letztern befand sich der oben genannte Schöffen von Antorf: „bey Heirmann Koch wondt eyner van antorff, heist Jan Reubens[3]." Seine kirchliche wie politische Haltung schien dem Rath bedenklich und der öffentlichen Ruhe gefahrdrohend. Darum wurde ihm am 28. Mai 1570 durch die Raths-Commission bedeutet, dass er innerhalb acht Tagen die Stadt verlassen müsse, „wenn er sich nicht inzwischen vor dem Rath purgiren und über seine Qualität genügend ausweisen könne." Wiederholt bat er, das strenge Mandat zurückzunehmen und ihm ruhigen Verbleib in der Stadt zu gönnen[4]. Hauptsächlich hatte er es seiner Stellung als Sachwalter der Prinzessin von Oranien zu verdanken, dass mit der Execution des Fremdengesetzes gegen ihn nicht mit aller Strenge vorgegangen wurde. Während einer längeren

---

1) Rathsprotocoll vom 8. April.
2) Rathsprotocolle.
3) Handschrift im Stadt-Archiv.
4) Beilagen Nr. 17, 18 und 22.

Abwesenheit ihres ersten juristischen Rathgebers Johann Betz hatte die Prinzessin in ihren Processsachen vielfach den Johann Rubens consultirt. Rubens gewann bei der Prinzessin von Tag zu Tag grösseres Vertrauen und Ansehen; er wurde zu ihrem Rath und Geschäftsführer ernannt[1]). Fast täglich musste er bei ihr zur Tafel erscheinen, und der vertraute tägliche Umgang brachte Beide zum Falle. Unverhohlene Abneigung gegen ihren Gemahl liess im Herzen der launenhaften Frau, die schon längst ihre eigenen Wege gegangen war, Raum für eine sündhafte unreine Leidenschaft. Auf ihren verschiedenen Reisen nach Hessen, Frankfurt, Leipzig und anderen Orten scheint er ihr gewöhnlicher Begleiter gewesen zu sein. Als Anna im Frühjahr 1570 aus Mangel an zureichenden Subsistenzmitteln ihren Wohnsitz in Köln aufgeben musste und zu Siegen, im Gebiete des Grafen Johann von Nassau, eine sichere Zuflucht suchte, vertraute sie dem Rubens ihre beiden Kinder, das eine von 5, das andere von 7 Jahren, so wie ihre Kleinodien und werthvollen Briefschaften an. Die zerrütteten, verwickelten Vermögens-Verhältnisse der Prinzessin dienten zum Vorwand, wenn Rubens seine Gebieterin wiederholt an ihrem Zufluchtsorte in Siegen besuchte. In dieser Zeit scheint es gewesen zu sein, wo Rubens seine Wohnung nach dem Hofe des Dr. Rink, in Mauritius Kirchspiel, verlegte. Es ist dieses der in der Nähe der Mauritiuskirche gelegene, mit einem zierlichen Thurm versehene, später an die Familie von Berlipsch übergegangene, unter dem Namen Wolfershof bekannte Patriciersitz. Wahrscheinlich hatte auch die Prinzessin in diesem Hofe die Zeit ihres kölner Aufenthaltes zugebracht. Im August wohnte Rubens hier mit seiner Gattin, vier Kindern, zwei Dienern, zwei Mägden, zwei Kindern der Prinzessin von Oranien und drei Hof-Officianten dieser

---

1) Beilage Nr. 17.

Fürstin[1]). Seiner Stellung als Mentor der oranischen Prinzessin hatte er es zu verdanken, dass dem eben angegebenen Befehle keine Folge gegeben und ihm die Erlaubniss ertheilt wurde, noch länger in Köln zu verweilen. Im Rathsprotocoll vom 2. August heisst es: „dem Dr. Rubeo solle angezeigt werden, obwohl meine Herren nicht bedacht sind, unter den Auswärtigen Ungleichheit zu halten, dennoch dieweil meine Herren des Prinzen von Oranien junge Herrschaft nicht gedachten zu verweisen, wollen ihn gemelte Herren eine Zeitlang dulden, doch so, dass er vor Michaëlis ein Documentum seines geistlich katholischen Wandels den Verordneten vorbringe." Nachdem er ein dem Rath genügend erscheinendes Document beigebracht hatte, wurde der „Magister Johannes scabinus Antwerpiensis" in die Fremdenliste eingetragen, welche durch die „Herren vom Rath zugelassen und mit Zetteln begnadt wurden." Gerade in diese Zeit fällt die verhängnissvolle Katastrophe, welche den Eheleuten Rubens so viele sorgenvolle Stunden bereitete und einen so geheimnissvollen Schleier über den Geburtsort ihres grossen Sohnes gezogen hat.

Rubens wollte sich im März 1571 wiederum zur Prinzessin begeben. Das vertraute Verhältniss war schon seit lange kein Geheimniss mehr Der Prinz von Oranien und der Graf Johann von Nassau hatten schon längst auf eine Gelegenheit gewartet, an dem frechen Verführer und rücksichtslosen Schänder fürstlicher Ehre schwere Rache zu nehmen. Auf Anregung des in Dillenburg weilenden Prinzen Wilhelm liess der Graf Johann den sorglosen Rubens aufgreifen und nach Dillenburg ins Gefängniss schleppen. Auf nassauischem Boden war der Verbrecher ergriffen worden und dem Territorialherrn stand die desfallsige Justiz zu. Der Prinz sowohl wie der Graf gaben sich anfänglich alle Mühe, die Sache geheim zu halten und nicht zum Landesscandal werden zu lassen. Solches Bemühen war aber

---

[1] Beilage Nr. 26.

vergeblich; böse Zungen trugen diese cause célèbre bald weiter, als den Betheiligten lieb war. „Ich hab die Ursachen verstanden," schrieb der Prinz Wilhelm an den Grafen von Nassau, „warum E. L. für gut finden, dass der verstrickte Mann sich vor Ende dieser Messe solle zu Frankfurt sehen und dass ich ihn desshalb zum Thor solle lassen führen, stellen's jedoch zu meinem Wohlgefallen und Gutdünken; woran mir E. L. in der Wahrheit ein sonderlich brüderliches Wohlgefallen erzeigt, dass Sie in dieser wichtigen Sache nicht hat wollen fortfahren noch endlich schliessen, ohne mein Vorwissen. Nun wissen sich E. L. auch wohl zu erinnern, was mein Gemüth allezeit gewesen ist in dieser Sache, als nämlich, dass ich es erstlich mit keinem guten Gewissen noch mit Ehren habe können gut finden, dass der verstrickte Mann sollte ausgelassen werden, auf was gute Versicherung dass es auch könnte geschehen; auf welcher Meinung ich noch beruhe, und je mehr ich darauf denke, je weniger kann ich bei mir finden, dass sein Auskommen in jetziger frankfurter Messe etwas die Sache könnte stillen, sonderlich weil sein, des Verstrickten, Bekenntniss an allen Orten so ruchbar geworden ist, und wiewohl dass es etlicher Massen sollte gestillt werden bei denen, die es allein von Gerücht haben gehört, so dünkt mich doch, dass es bei denen, die es gewiss wissen (welcher nun eine gute Anzahl sind), nur zu einem sonderlichen Spott und Hohn möcht werden, dass ich wissentlich und vorsätzlich den verstrickten Mann also sollte auslassen, und wäre besser gewesen, wenn man das im Sinne gehabt, den Gefangenen auszulassen, dass man ihn nicht hätte niedergeworfen, oder zum wenigsten sein Bekenntniss nicht also ausgebreitet."

Während Rubens vom März 1571 bis in den Sommer 1573 zu Dillenburg in enger Haft gehalten wurde, bot seine Gattin von Köln aus Alles auf, um ihren Kindern den Vater wieder zu verschaffen. Die Kleinodien, Briefe und Siegel der Prinzessin von Oranien hielt sie in treuem Verwahr. Die beiden oranischen Prinzen befanden sich nicht mehr in ihrer Obhut. Darum glaubte der Rath der Rubens'schen Familie gegenüber wieder streng auf der Execution des Fremdengesetzes bestehen zu müssen. Als die Prinzessin sich beim kölner Rath zu Gunsten der Maria Rubens verwandte[1]), wusste sie recht wohl, warum sie des Johann Rubens keine Erwähnung that. Sie wusste, dass das Gerede von dem bekannten Scandal von bösen Zungen schon mit besonderer Geschäftigkeit weithin getragen war; sie musste voraussetzen, dass auch der kölner Magistrat Kunde von der Gefangenschaft ihres Verführers habe. Es scheint aber, dass der ganze Sachverhalt erst spät in Köln bekannt wurde. Wiederholt hatte man im Laufe des Sommers 1571 über die strenge Execution des Fremdengesetzes berathschlagt. Am 1. October wurde beschlossen: „Es sollen beide, die Inwendigen und Auswärtigen, so ihre Häuser vermiethet oder respective dieser Religion nicht gemäss leben, vorbeschieden und ihnen ohne Unterschied ernstlich von wegen eines Ehrb. Raths angesagt werden, dass sie innerhalb vierzehn Tagen gehorsamlich aus dieser Stadt mit der häuslichen Wohnung sich begeben und die vermietheten Häuser ledig machen sollen[2])."

Auch dem Johann Rubens sollte dieser Beschluss insinuirt werden. Die Tirmmeister fanden aber weder ihn selbst noch seine Frau zu Hause. Es scheint, dass die Frau gerade um diese Zeit in Dillenburg persönlich einen Versuch machte, das Herz des Grafen Johann zu erweichen. In der Anzeige der betreffenden Tirmmeister heisst es vom 27. November: „Hansen des Herrn von Ruebens Diener in Junker Rinken Haus eins Erb. Rathes Befehl angezeigt, welch er seinem Herrn ansagen wolle." Dieses war das letzte Mal, dass die Familie Rubens ihres Bekenntnisses wegen von Seiten des kölner Rathes Anfechtungen zu er-

---

1) **Beilage Nr. 31.**
2) **Rathsprotocolle.**

dulden hatte. Wiederholt wurden die Fremdenedicte eingeschärft und Verzeichnisse der protestantischen Auswärtigen eingefordert. Wir glauben, dass die Ehefrau Rubens in einer Stadt, in welcher die charakteristischen Merkmale der verschiedenen Bekenntnisse noch nicht zu klarer Definition gekommen waren, es mit ihrem Gewissen vereinen zu können glaubte, wenn sie dem Druck der bestehenden Verordnungen nachgab und sich durch ein Zeugniss ihres Pfarrers gegen jede Vexation sicher stellte. Wie so viele Andere unterhielt sie in gesellschaftlichen wie kirchlichen Dingen mit ihren reformirten Landsleuten freundschaftliche Verbindungen, ohne sich durch entschiedene Verläugnung der katholischen Kirchenformen bei den Bezirkscommissaren zum Gegenstand besonderer Aufmerksamkeit zu machen. Wir vermuthen, dass sie mit dem Ende des Jahres 1571 äusserlich zur katholischen Kirche zurückgetreten ist. Darum geschieht ihrer in dem Verzeichnisse vom 21. Mai 1572 gar keine Erwähnung [1]). Unzweifelhaft wohnte sie um diese Zeit noch in Köln, und sie würde sicher in das Verzeichniss aufgenommen worden sein, wenn ihr kirchliches Verhältniss noch Anstoss gegeben hätte. Auch ihr Gatte scheint sich nach dem Vergleich mit dem Grafen von Nassau jeder kirchlichen Opposition enthalten zu haben. Bis zu seinem Tode wurden die Verzeichnisse der in Köln wohnenden Protestanten alljährlich eingereicht; aber in keinem finden wir den Namen Rubens aufgeführt, ein Zeichen, dass Rubens wenigstens äusserlich die erforderliche Kirchlichkeit kund gab. Darum suchen wir nach dem Jahre 1571 geborene Kinder der Eheleute Rubens vergeblich in den Taufregistern der reformirten holländischen Gemeinde [2]). Philipp, so wie Peter Paul werden in der katholischen Kirche getauft worden sein; der strenge Nachweis ist nicht zu liefern, weil diese bezüglichen Taufbücher nicht mehr vorhanden

---

1) Beilage Nr. 32.
2) Taufregister auf dem kölner Rathhause.

sind. Wenn die Eheleute Rubens auch äusserlich zum katholischen Bekenntniss zurückgekehrt waren, so fühlten sie sich hierdurch nicht gehindert, ihre alten freundschaftlichen Beziehungen zu einzelnen reformirten Familien fortzusetzen. So finden wir den Jan Reubens am 8. November 1579 mit Reimund Ringold bei einem Kinde des Hans de Koninck und am 29. April 1581 in derselben Eigenschaft in Gemeinschaft mit seiner Hausfrau als Taufzeugen[1]). Dieser Johann de Koninck wohnte Obenmarspforten im Hause zum Russell; „er sei", sagt er, „1586 auf Windeck vereidet und habe 18 Jahre hier gewohnt, zuvor habe er 7 Jahre zu Antwerpen gedient bei Ludwig Clarist, Kaufmann, hab ins achte Jahr die grosse Bürgerschaft gehabt. Sagte auch weiters, er wisse nicht, was Rebellion sei, denn er habe Königl. Majestät keinen Eid gethan, hielte allein einen Erb. Rath dieser Stadt und niemand anders für sein Magistrat, habe keinen Abschiedsbrief von der Stadt Antwerpen mit sich gebracht, denn er sei ein Junggeselle und noch unverheirathet gewesen, als er von dannen geschieden, sei auch zu Antwerpen nicht geboren, sondern zu Brügge."

In den Acten des städtischen Archivs finden wir nicht den geringsten Halt, wodurch wir berechtigt würden, anzunehmen, die Frau Rubens habe ihren Hausstand von Köln nach Siegen verlegt, sobald ihrem Manne gestattet worden, „seine häusliche Wohnung zu Siegen anzustellen." Wäre dies wirklich der Fall gewesen, so würde sie sich bei ihrem Abzug mit einem Abschiedsbrief versehen haben, und bei der Rückkehr der Familie würde ein Erlaubnissschein zur neuen Niederlassung nothwendig gewesen sein. Die ganz vollständigen Acten der städtischen Kanzlei weisen aber nichts der Art auf. Wir sind daher zu der Annahme berechtigt, dass die Frau Rubens auch *nach* der Uebersied-

---

1) **Taufbuch der** reformirten holl. Gemeinde, lit. h. h. — **Beilagen Nr.** 36 u. 38.

lung ihres Mannes nach Siegen ihren Hausstand in Köln gehalten hat. Die Internirung des Rubens war auch keineswegs so strenge, wie es nach dem Wortlaut des Vergleiches von 1578 scheinen mag und wie uns Herr Bakhuizen glauben machen will. Durch einen Schwur soll er gebunden gewesen sein, die Stadt Siegen nicht zu verlassen, es sei denn, um im Interesse seiner Gesundheit zuweilen einen Spaziergang in der Umgebung von Siegen zu machen. Wir haben Grund, anzunehmen, dass diese Internirung weiter nichts war, als die sogenannte Einlagerung. Sie bestand darin, dass die lässigen Schuldner oder wortbrüchigen Vertrags-Contravenienten gehalten waren, mit Ross und Knechten an einem bestimmten Orte auf eigene Kosten sich so lange einzulagern, bis es dem Gegner beliebte, diese Pflicht zu lösen. Es blieb hierbei dem Eingelagerten nicht verwehrt, von Zeit zu Zeit nach Hause zurückzukehren. In gleichem Verhältniss befand sich auch Johann Rubens zu Siegen. Darum kann es nicht auffallen, dass wir ihn am 28. April 1577 einem officiellen Actenstücke gemäss in Köln finden. An dem genannten Tage stellte er vor Bürgermeister und Rath für seine Schwiegereltern Maria und Heinrich Pepeling, seinen Oheim Dionysius Pepeling, und dessen Bruder Philipp Lademetez eine Vollmacht zur Besorgung seiner Geldgeschäfte in den Niederlanden aus [1]). Es lag durchaus keine Nöthigung vor, dieser Vollmacht wegen gerade nach Köln zu reisen; der fragliche Act konnte eben so gut in Siegen, wie in Köln vollzogen werden. Die Absicht, seine Einschliessung in Siegen nicht kund werden zu lassen, konnte für Rubens nicht maassgebend sein; in Köln so gut wie in Antwerpen wusste man, dass er gezwungen worden war, sein Domicilium in Siegen zu wählen. Wenn es in seiner Absicht lag, seiner Familie wie seinen Bekannten seine

---

1) Beilage Nr. 34.

Einschliessung zu verheimlichen, so konnte dieses viel leichter erzielt werden, wenn die Frau mit dem Haushalt in Köln verblieb, als wenn sie nach dem unbedeutenden Städtchen Siegen zog. Uns scheint die Reise nach Köln einen ganz anderen Zweck gehabt zu haben, als die Ausstellung der fraglichen Vollmacht. Die Vollmacht war nur accessorisch und Rubens liess sie in Köln aufsetzen, weil er gerade zufällig in Köln anwesend war. Es war dieses um die Zeit, in welcher die Frau Rubens ihren Sohn Peter Paul gebar. Der allgemein angenommene Tag der Geburt nämlich steht keineswegs so unzweifelhaft fest, wie man durchgehend anzunehmen geneigt ist. Florent le Comte gibt den 27. Juni, Moreri den 28. und Michel den 29. an. Nimmt man dagegen die von Geraerts verfasste Grabschrift zu Rathe, so kann gemäss den hierin angegebenen Daten die Geburt nicht nach dem Mai gefallen sein. Wir werden nicht irren, wenn wir den Geburtstag zwischen Anfang Mai und Ende Juni setzen, also in die Zeit, in welcher wir den Vater in Köln finden. Die Mutter hatte dem Gemahl Nachricht von ihrer nahen Niederkunft gegeben und der Vater beeilte sich, mit Zustimmung des Grafen Johann nach Köln zu reisen, um seine Frau nicht in diesen kritischen Tagen allein zu lassen. Diese Erklärung der kölner Reise des Rubens ist viel natürlicher und plausibler, als wenn wir annehmen, er sei bloss der fraglichen Vollmacht wegen nach Köln gereist und habe seine ihrer Niederkunft entgegen sehende Frau in Siegen unter fremden Leuten allein gelassen. Wir finden den Johann Rubens im April 1577 in Köln; hieraus ziehen wir den Schluss, dass seine Einschliessung in Siegen nicht so gar strenge und gewissenhaft gehandhabt wurde, wahrscheinlich kam er häufiger nach Köln zu Besuch oder gar hielt er sich die meiste Zeit in Köln auf; die Einschliessung war dann mehr Form als Wirklichkeit. Schon während Rubens noch zu Dillenburg im Kerker sass, hatte man den Wunsch geäussert, die Gefangennehmung ungeschehen machen zu können. Man wollte aber nicht offen aussprechen, dass man einen Missgriff gethan; darum sträubte man sich gegen die Freilassung. Als er nun wirklich frei gelassen wurde, suchte man den Schein der Gesetzlichkeit dadurch zu retten, dass man dem Rubens das Versprechen abnahm, sich nicht von Siegen zu entfernen. Es scheint, dass man sich wenig darum kümmerte, ob dieses Versprechen gehalten wurde oder nicht. Mit der Beobachtung dieses Versprechens wird es gegangen sein, wie mit der Erfüllung des Vertrags von 1578; hierin war ausdrücklich erklärt, dass Rubens seinen Wohnsitz in den Niederlanden nehmen werde, und dennoch blieb er in Köln. Johann Rubens erhielt durch den Vertrag vom 15. Mai 1578 die Erlaubniss zu seinem Abzug nach den Niederlanden. Ohne sich an den strengen Wortlaut zu binden, blieb er in Köln. Durch den Erlaubnissschein, der ihm 1571 ertheilt worden, war er in das Recht der Beisassen eingetreten und in derselben Eigenschaft erscheint er auch noch 1578. Die Stadt selbst erkannte an, dass er seinen Wohnsitz perpetuel in Köln beibehalten habe; darum verlangte sie kein specielles Niederlassungsgesuch und sie ertheilte keinen officiellen Niederlassungsconsens; seine frühere Vereidigung auf der Zunft Windeck war hinreichend und es bedurfte keiner neuen Einschreibung auf dem Inquisitionsamte. Als Beisasse trat er ein unter die Einwohner, welche „ins Gross handeln, Nahrung treiben oder factoriren;" in dieser Eigenschaft finden wir ihn in einem Verzeichniss von 1582. Er gehörte somit zu denjenigen, von denen es heisst: „Was ihre Handlungen betrifft, dürfen sie keine offenen Läden halten, noch mit der Elle ausmessen, noch ausschneiden, noch auch mit dem Gewicht ins Kleine auswiegen, sondern nur allein mit zugeschlossenen Läden ins Gross handeln, solchen nach von grobem und schwerem Gut unter einem Centner und von kostbaren Speccreiwaaren unter zehn Pfund nicht auswiegen, auch von den fabricirten Gold- oder Silberfäden und Stoffen, sie mögen Namen haben, wie sie wollen, nicht an-

ders als stückweis verkaufen." Schon gleich bei seiner
ersten Niederlassung scheint er sich mit Grosshandel befasst
zu haben. In dem oben abgedruckten Briefe des Prinzen
von Oranien an den Grafen von Nassau wird darauf hin-
gedeutet, dass man gewohnt war, den Rubens auf der
frankfurter Messe, dem Sammelplatz aller Grosshändler, zu
sehen. So lebte er mit seiner Familie als Grosshändler in
Köln bis 1587. Wie lange er in Junker Rinckens Hause
wohnte, sind wir ausser Stande, anzugeben. So viel steht
fest, dass er 1583 in der Breitstrasse wohnte. In einem
Verzeichniss von 1583 für den hundertsten Pfennig finden
wir unter den Bewohnern der Breitstrasse aufgeführt: „Johan Robins, Windeck und Johan Robins, filius, Malergaffel."
Unzweifelhaft ist dies unser Johann Rubens mit seinem
ältesten Sohne. Dieser bei den Malern inscribirte Sohn
Johann Rubens mag in dem jüngsten Bruder Peter die
Liebe zur Kunst geweckt und gepflegt haben. Was die
spätere Wohnung der Eheleute Rubens anbelangt, so haben
wir keinen Grund, Zweifel in die Angabe des Aegidius
Gelenius zu setzen. Die Jugend-Erinnerungen des Gelenius
fallen nur etwa 25 Jahre nach dem Tode des Rubens; und
wir müssen annehmen, dass es zu seiner Zeit noch allgemein bekannt war, in welchem Hause der Vater des grossen
niederländischen Meisters gewohnt hatte. Auf Grund des
angeführten Verzeichnisses müssen wir aber bezweifeln,
dass die Mutter bei der Geburt des Peter Paul schon im
Gronsfelder Hofe gewohnt habe. Die letzten Jahre seines
Lebens hat der Vater Rubens seine Wohnung in dem genannten Hofe gehabt. Auf die Tradition so gut wie auf
die Autorität des Aegidius Gelenius stützen wir uns, wenn
wir annehmen, Johann Rubens habe seine Engros-Geschäfte
in dem jetzt mit Nr. 10 bezeichneten Hause in der Sternengasse betrieben. Im Jahre 1619 finden wir als Eigenthü-
mer dieses Hauses „zur Bussen" den Bürgermeister Johann
Hardenrath, dessen Tochter Anna Christina den Feldmar-
schall Grafen Jodokus Maximilian von Brankhorst-Grons-

feld heirathete. Durch Erbschaft ging das Haus 1643 an die Frau des Feldmarschalls über, und daher konnte es von Gelenius den Namen des Gronsfelder Hofes erhalten. Dieses Haus kam her von der Familie Sudermann, und es war dem Vater Johann Hardenrath von der Plectrudis Sudermann in die Ehe gebracht worden, und das Bürgerverzeichniss des Jahres 1582 weist als Eigenthümerin die Witwe Sudermann nach. Johann Rubens starb im katholischen Glauben; er wurde beerdigt in der Pfarrkirche St. Peter. Nach seinem Tode entschloss sich die Witwe nach Antwerpen zurückzukehren. Zu diesem Zwecke bedurfte sie eines amtlichen Abschiedsbriefes. Dieser wurde ihr ertheilt am 27. Juni 1587. Hierin wurde ihr officiel bescheinigt, dass sie vom Jahre 1569 an bis zum 27. Juni des Jahres 1587 *mit* ihrem verstorbenen Ehemanne ihren *gewöhnlichen Wohnsitz* in der Stadt Köln gehabt habe und sich während dieser Zeit in allen Dingen als eine gehorsame Bürgerin und *Einwohnerin* betragen habe und sich annoch also betrage[1]).

Dieses Zeugniss tritt mit dem Wortlaut des Vergleichs von 1578 in Widerspruch. Es will uns bedünken, dass durch jenen Entlassungsschein ein Factum declarirt wird, wohingegen das andere Actenstück nur eine Verpflichtung declarirt. Durch jenen Schein ist einfach gesagt, dass die in dem Vergleich ausgesprochenen Verpflichtungen nicht gehalten worden sind. Wir nehmen keinen Anstand, zu erklären, dass wir der vom Rath ausgestellten Bescheinigung vollen Glauben schenken. Die Mutter des Rubens hat demnach von 1568 ab ihre gewöhnliche Wohnung in Köln gehabt. Das schliesst noch immer nicht, kann man einwenden, einen fünfjährigen Aufenthalt in Siegen aus. Eine solche fünfjährige Abwesenheit wird aber durch das folgende Führungszeugniss ausgeschlossen; „Maria Rubens,"

---

1) Beilage Nr. 39.

heisst es, „hat sich vom Jahre 1569 bis zum Jahre 1587 in allen Dingen also *betragen* und beträgt sich annoch also, wie es einer ordentlichen Bürgerin und Einwohnerin geziemt". Wenn sie fünf Jahre nicht in der Stadt gewohnt hätte, würde der Magistrat über ihr Verhalten während dieser fünf Jahre kein Attest ausgestellt haben, wenigstens würde er in dieser Beziehung irgend eine reservirende Bemerkung gemacht haben. Um so mehr müssen wir diesem Zeugniss Glauben schenken, als andere glaubwürdige Nachrichten damit in vollem Einklang stehen; Gelenius, dessen Erinnerung höchstens fünf Jahre jünger ist, als die Geburt des Rubens, gibt mit dürren Worten den Gronsfelder Hof in der Sternengasse als die Wohnung der Eltern unseres Peter Paul an. Er schrieb in einer Zeit, in welcher noch Zeugen lebten, welche ihn Lügen hätten strafen können, wenn seine Angabe nicht auf Wahrheit beruht hätte. Damals schon musste diejenige Stadt, in welcher Peter Paul Rubens geboren war, es sich zur höchsten Ehre anrechnen, der Geburtsort eines so grossen Künstlers zu sein. Siegen würde sicher gegen die Angaben Gelenius' protestirt haben, wenn es die Wiege des Rubens innerhalb seiner Mauern gehabt hätte. Die Mutter des Rubens liess auf der Grabplatte ihres Gemahls die Worte eingraben: „in eaque 19 annos transegit" (in Köln brachte er 19 Jahre zu). Backhuizen sagt in Betreff dieser Worte, die Witwe habe hier durch eine fromme Lüge den Weg gefunden, die Nachwelt über die Schicksale ihres Mannes irre zu leiten. Man wird aber in gerechte Rücksicht nehmen müssen, dass die Grabschrift nicht allein für die Nachwelt bestimmt war. Und da wird man doch wohl nicht annehmen dürfen, die Witwe Rubens habe sich erdreistet, in einer Kirche auf einem öffentlichen Denkmal eine Behauptung aufzustellen, von deren Unrichtigkeit jeder Bekannte des Verstorbenen überzeugt war. Der Pfarrer von St. Peter würde sicher nicht zugegeben haben, dass in seiner Kirche die Leichensteine zur Verbreitung von offenen Unwahrheiten missbraucht werden sollten. Die bekannte Stelle in dem Briefe, den Rubens selbst am 25. Juli 1637 an Geldorp richtete, vermögen wir nicht im Sinne Bakhuizen's zu interpretiren. Rubens wollte in diesem Schreiben nur eine oberflächliche Artigkeit sagen, und nichts als ein solches Compliment finden wir in der Bemerkung, dass er recht gerne einen Auftrag für eine Stadt ausführe, an die sich die freundlichen Erinnerungen seiner ersten Kinderjahre knüpften. Was nun noch das Zeugniss der nächsten Anverwandten unseres Meisters betrifft, so vermögen wir uns durchaus nicht zu überzeugen, dass sowohl der Schwiegervater wie der Neffe entweder nichts von dem Aufenthalt der Rubens'schen Familie in Siegen hätten wissen sollen oder absichtlich die Unwahrheit sollten gesagt haben. Wie sehr auch die Eheleute Rubens wünschen mochten, die bekannte ärgerliche Affaire mit allen Folgen als ein Familien-Geheimniss in tiefes Dunkel zu hüllen, so war es doch in Anbetracht der grossen Anzahl von Personen, die in das Geheimniss eingeweiht waren, völlig unmöglich, der ganzen Sache den gewünschten Charakter zu wahren. Wenn die Familie fünf Jahre lang in Siegen wohnte, musste die Erinnerung an diesen Aufenthalt in den älteren Kindern recht lebhaft bleiben, und es ist nicht anzunehmen, dass diese Kinder in ihren Familien darüber stets das tiefste Stillschweigen sollten beobachtet haben. Johann Brandt so gut wie Philipp Rubens mussten dann wissen, dass Johann und Maria 1574 sowohl wie 1577 nicht in Köln gewohnt hatten. Man darf nicht voraussetzen, dass sie absichtlich die Unwahrheit gesagt, um eine Sache zu vertuschen, von deren Publicität sie überzeugt sein mussten. Gegen Bakhuizen und Gachet müssen wir die Ueberzeugung aussprechen, dass die Angaben des Johann Brandt, des Philipp Rubens wie die von Maria Pepeling auf das Grab ihres Gatten gesetzte Inschrift wohl geeignet sind, den ununterbrochenen Aufenthalt der Maria Pepeling zu Köln, so wie das häufigere Verweilen des Johann Rubens bei seiner Frau zur höchsten Wahrscheinlichkeit zu erheben. Dasjenige, was gewöhnlich für genügendes Beweissmittel gehalten wird, das Zeugniss der Verwandten und die feierliche Behauptung auf der Grabesstätte, muss auch in unserem Falle als ein über allen Trug erhabener historischer Beweis aufrecht erhalten werden, und wir glauben, dass die Annahme, Peter Paul Rubens sei in Köln geboren, der strengsten historischen Kritik gegenüber recht wohl aufrecht erhalten werden kann.

Beilagen.

Nr. 1.
Die Stadt Köln an die Frau Margaretha, Herzogin zu Parma und Placentz etc.

Durchleuchtigste Hochgeborne Fürstinne gnedigste Frawe. Nach erbietuug vnser bereithwilliger Dienst Sollen E. F. G. wir vndertheulich nit verhalten, das wir vnlangs In erfarung kommen, wie vnser Statt Colln eine Postille Martini Lutheri In Nederlendischer Brabendischer Sprach one einich vnsern vorwissen In Druck gestelt worden. Alssbalde wir desselben bericht empfangen, haben wir gebürliche nachforschung gethan vnnd befunden das die vmb ein gar geringes nac verfertiget gewesen. Dweile wir nun zu anfangk befunden, der Drucker dorann eine falsitet gebraucht, nemlich das vff dem ersten Folio gesetzt, das solliche hausspostille Lutheri zu Frankfurt am Mein gedruckt sein solte, Zudem der Drucker widder des heiligen Reichs Constitution vnnd vnsere mehrmals publicirte Mandata sollichen Druck durch bestellung eines Philips Wesenbecke von Antwerpen Ins Werck gestelt, Sein wir pillich verursacht worden, das gantz werck vnnd sementliche Exemplare, dern vngefehrlich zwischen 14 vnnd 1500 sein mogen, In vnsern bewahrsam bringen zu lassen, Dauon E. F. G. wir ein Exemplar hiebei vberschicken, die gestalt doruss zu ersehen. Nun sein wir berichtet worden, wie der Drucker Godfridus Hirtzhorn gnant in Brabandt nach Antwerpen verreiset sein solle, haben wir gegen denselben abwesens halber die Gebuer bis noch nit vornemen mogen. Wir wolten aber nit vnderlassen dasselb E. F. G. vnderdienstlich vnnd nachparlich zu uerstendigen, dessen ein Wissen zu haben. Und sein E. F. G. vuderthenige Dienst zu erzeigen jeder Zeith bereit vnd willig dieselbe dem Allmechtigen In glückseliger Regierung zu lange zeithen befelhendt.

Dat. 20. Augusti anno 1566.

Protocolla actorum cancellariae, 1566 u. 1567.

Nr. 2.

Die Stadt Köln an den Grafen Ludwig von Nassau.

Unsern freuntlichen Dienst vnd Vermogen zuuor. Wolgeborner vnd Edler besonder lieber Herr. Ewer Edelheiten schreiben auss Antorff den 22ten jtz abgelaufenen Monatz Augusti etlich abgedruckte Exemplaren vnnd Buecher, so bei vnss angehalten worden vnnd dan den Philipsen Wesenbeck sampt dem Drucker belangendt, haben wir entpfangen vnnd Inhaltz verstanden. Sollen daruff E. E. zu gegenbericht dienstlich nit verhalten dass E. E. die wahre geschichten nit fürbracht worden sein, dan die Handlung dieser Gestalt geschaffen. Wiewol des heiligen Reichs Constitutiones usstrücklich mitbrengen, das alle Buechdrucker wan vnd an welchen Enden die Im heiligen Reich gesessen sein, bei Niderlegung Ires Hantwercks auch sonderlicher peen Iren ordentlichen Oberkeidten vnnachlessich zu bezahlen, keine Bücher klein oder gross wie die namen haben mochten, Im truck vssgeben lassen sollen, dieselben sein dan zuuor durch Ire ordentliche Oberkeit eines jedern Orts oder Ire dazu verordneten besichtiget approbirt vnd zugelassen. Darzu ouch alle Buechtrucker schuldich vnnd verpflichtet In alle Bücher, so sie also mit zulassung wie gemelt trucken, den Authorem oder Dichter des Buchs, auch seinen des Truckers namen dessgleichen die Statt oder das Ort, dar es getruckt worden, vnderschiedlich vnnd mit namen zu benennen vnnd zu vermelden, welchs wir auch mehr dan zu einem mahl durch vnsere sunderliche mandata publicirt vnd einen jeden vor straff gewarnet. Sein wir doch In erfarung kommen, das vnlangs In vnser Statt ein Buch uff Niederlendische Brabandische sprach one vnser oder vnsern fürwissen in Truck gestelt, dem wir gebürliche Nachforschung gethan vnnd mit offentlichen vffdruck, dass sollichs In der Statt Frankfurt gedruckt sein solte, auch der Trucker seinen namen nit zugesetzt, alles widder des heiligen Reichs Constitution vnnd Mandaten, vnd also ein offentliche falsetet dorane gebraucht worden, zudeme der vorbestimpter Wesenbeck derjeniger ist, wellicher sollichen Truck bestellt, verlegt vnd dirigirt hat, gleich sollichs seine vnnd des Truckers vertrags Zettell clarlich vermelden. Dweile nun dasselbe allenthalben sich also im Werck befunden, haben wir dieselbe verfertigte Truck hinder vns in bewarsam nemen lassen vnnd werden vnss in der sachen aller gebuer nach vnverweisslich zu erzeigen wissen. Sunst E. E. angeneme Dienst vnnd gefallen zu erzeigen, sein wir jeder Zeith bereidt vnnd willig E. E. dem Almechtigen In glückseligem wolstande befelhendt.

Dat. den 4. Septemb. anni 1566.

Protocolla actorum cancellariae, 1566 u. 1567.

Nr. 3.

Die Stadt Köln an die Frau Margaretha Herzogin zu Parma etc.

Nach erbietung vnserer bereithwilliger Dienst geliebe E. F. G. von vnss vnderdienstlich zu vernemen, das wir derselbiger gnedigs schreiben die angehaltene Bücher vnnd Postillen belangendt an heut dato empfangen vnnd E. F. G. gnedigs gesynnen vnnd bedunken dorauss vernommen vnnd sein des willigen erbietens alsolliche Exemplaren der vurss.

angehaltenen Postillen biss zu weitherm bedenken In guder bewarung hinder vnss zuuerhalten, damit durch verbreitung derselbiger der eingangk hochbeswerlicher vnnd nachtheiliger verfuerischer lehr verhütet bleiben mogen. Auch ein ernstes einsehens thun vnnd haben das der vnnd dergleichen hinfürter bei vnss zu trucken keineswegs gestattet, Sonder wan das befunden würde, verhindert werden solle. Vnnd E. F. G. vnderdienstliche wilfarung zu erzeigen sein wir jeder Zeith bereith vund willig Dieselbe dem Almechtigen zu erhaltung friedens vnnd einigkeit zu langen Zeithen gesondt befelhcudt.

Dat. den 4. Septembris a. 1566.

Protocolla actorum cancellariae, 1566 u. 1567.

Nr. 4.

Die Stadt Köln an die Herzoginn von Parma.

Durchleuchtigste hochgeborne Fürstinn gnedigste Frawe. Unsere bereitwillige vnd vermügliche Dienste sein E. F. G. jeder zeith hogster fleiss beuor.

Gnedigst Frawe, E. F. G. abgefertigter Gesandter der Gestreuger Herr Frantz Halewin Herr zu Sweuengheim Ritter vnd Camerer hat E. F. G. Credentzschrifft von dato den 22. dis Monats Martij neben einer verschlossener Missiv seiner Str. befolhene Werbung (wie er angezeigt) vssfuerendt zu handen unsers Bürgermeisters überantwordt, vnd daneben E. F. G. gnedigs ansinnen mündtlich vorbracht, welch schreiben wir lesendt angehort vnnd dasselbe mit fleis erwogen, können nit anders ermessen, dan E. F. G. gnedigs begeren in Erwegung hochwichtigkeit des handels vff reden vnnd aller billigkeit begründet, Vnd ist vnss der beschwerlicher jae vnchristlicher vffruerischer handell, so sich eine Zeit her nit alleine In der Kün. Maj. von Hispanien vnsers gnedigsten herrn Erbniederlanden, sonder auch Im Stifft Lüttich vnnd mehr ortz leider zugetragen, von anfange beschmertzlich anzuhoren gewesen vnnd noch. Wie woll vnnss nun zu' hertzlichem leide gereichet, das die herliche der Kön. M. Stette, Landt vnd Vnderthanen mit sollichen grossen gewaldt vberzogen zu werden vrsach gegeben wirt, jedoch kan kein friedliebender es anders denken noch ermessen, dan hochg. Kün. M. die halsstarrigen Ires vngehorsambs vnd offenbarer Rebellion zu straffen vnnd derselbiger vngebürlicher freuentlicher Widersetzung zu begegnen nottringlich verursacht.

Dweile dan E. F. G. gnedigs Gesinnen vnd begeren an vnnss dahin laudet, das wir zu billicher Vnderhaltung vnd befürdrung schuldigen gehorsambs und allgemeinen friedlichen Wesens sonderlich in jtziger geschwerlicher sorglicher Welt, hochstgedachten Kön. M. bestelten Obersten Rittmeistern, Hauptleuthen, Befelhabern vnnd derselben geworbenem Kriegsvolck zu Ross vnnd Fuss, so jetzo oder künf-, tiglich der verordnung nach Rotten oder Fahnen weise Ew. F. G. zu ziehen vnnd vnsere Statt Colln vnuerbeigengklich antreffen mochten, nit allein gebürlichen hilff, fürdrung, vnderschleiff vnnd herberg, sondern auch freien sicheren pass vnnd durchzuge gegen vorzeigung glaubwirdigen Scheins, das sie Irer Kön. M. zustendich vnnd versprochen sein, vnweigerlich gestatten vnnd mittheilen wolten, Auch dar man zur erfarung khame, das die Widersacher sich umb einich Kriegs volck dieser ort zu bewerben vndersteben werden, denselben keine platz noch raum zu gestatten:

Doruff sollen E. F. G. wir vnderdienstlich nit verhalten, das dieselben sich dessen wie begert, zu vnuss durchauss vnweigerlich vnnd vngezweifelt zu geschehen versehen sollen vnnd mogen. Sein auch E. F. G. weitherm gesinnen nach gantz willig, sobalde die Regimenten vnder dem Kriegsvolck vffgericht, also das man der Zu vnnd abfuern beveheliget, bei vnserer Bürgerschafft die versehung zu thuen vnd zu verschaffen, dass dem Kriegsvolck allerhandt notturfft vnnd Proviande gegen gebürliche Bezalung zugefürt werden solle, Auch einem Jeden zu gestatten die notturfft In vnser Statt zu kauffen, zu bestellen vnnd folgen zu lassen, vnnd vort alles dasjenige vff althes nachparlich vertrawen zu befurderen, wor Inne hogstermelter Kun. M. vnnd E. F. G. als Gubernanntinnen vnderthenigste Dienst vnnd welgefellige willen erzeigt werden sollen vund mogen. Nachdem wir dan In der Besorgung stehen, es werde die Emporische Rebellion one straff der schuldiger beschwerlich abgehen mogen, Es wolte dan der Almechtiger seinen gottlichen Segen (wie zu bitten) dar zu schicken, das die widerwertigen sich eines bessern bedenken widerkeren vnnd zu schuldigem gehorsamb sich schicken mochten vnnd dan etliche vnsere Bürgere Ire handtirungen, Commertia vnd kaufmanschaften In der Kun. M. Landen sunderlich In der Stadt Antwerpen und mehr orten ansehenlich haben, So haben wir nit vnderlassen mogen E. F. G. vnderdienstlich zu ersuchen vnd hogsterfleis zu bitten, das durch E. F. G. die gnedigste vorsehung geschehen, damit die vnsern, so die Rebellion nit pflichtig In Gnaden verschonet, vff Ire personen und guthern von E. F. G. Saluogarden erhalten, auch vff derselbiger anhalten nottürfftige pasporten mitgedeilt, vnd also vor vnuerschuldtem nachtheile vnnd schaden versorgt werden mochten. Und ob wir woll vnnss des vnd aller gnaden E. F. G. trostlich thun versehen, jedoch bitten wir gantz vnderdienstlich E. F. G. vnns derselber Zuuersicht gnedigst zu auiseren und zu beantworten. Dasselbe vmb E. F. G. vnsers eusserstcn vermogens zu verdienen sollen wir jederzeit In allerwilliger vnderthenigkeit bereit erfunden werden, kenne Gott der Almechtiger, welcher E. F. G. zu widderstande aller muthwilliger Rebellion zu langhen Zeithen glückselich vnnd gesondt beware.

Dat. vltimo Martij 1567.

Protocolla actorum cancellariae, 1566 u. 1567.

Nr. 5.

Die Stadt Köln an die Herzogin zu Parma etc.

Durchlauchtigst Hochgeborne Fürstin. Vnsere bereithwillige Dienste sein E. F. G. jeder Zeith hogster Fleiss vnnd vermogen zuuor. Gnedige frawe! was E. F. G. von datum den 30. May des hohestrafflichen vbermuts, vffruhrs vnd Rebellion halben etliche der Kön. M. von Hispanien Niederburgundischen Landen vnnd Stetten wider Gott vnnd Ire gebuerende obrigkeit kurtzer Zeith here freuelmutig vnnd thadtlich fürgenommen, an vnnss schriftlich gelangen zu lassen, das haben auch neben hochg. E. F. G. gnedigen begern wir nach der lenge Ingenommen vnnd woll verstanden. Sollendt E. F. G. daeruff vnderdienstlicher meynung nit verhalten, das angeregte hohestraeffliche vngebürliche thadthandlung vnnd Rebellion vnss ganz vnd gar missfallen, haben auch derowegen vnnd solchem gleichem straefflichen muthwillen und freuell dieser ort zuuorkommen keinen fleis, mühe vnnd vnkosten gespart, darzu dan der Almechtiger sein gnad verleihen, das wir mit vnser Burgerschafft, Gott lob, noch In friedlichem ruhwigen wesen biss daher verblieben. Wir haben gleichwoll nunmehr mit gantz froeligem gmuet vernommen, das durch schickung Gottes vnnd E. F. G. vilfaltig angewendte muhesclichkeit berurter vffruhr, muthwille vnnd Rebellion guter mass gedampft vnnd die vnderthanen merhertheils zu schuldigem gehorsamb bracht worden seint; was nun die Anfenger, Auffwigkler vnnd verursacher solchs hohestrafflichen freuels, Emporung und muthwillens (welche zu vermeidung wollverdienter straff vss den Niederlanden anhero vnd sonst In andere orther flüchtig worden, sich nieder gethan vnd enthalten sollen) betreffendt, Sollen hochg. E. F. G. wir vnderdienstlich nit bergen, das wahr derselbiger Leuthe etliche vor vnnd nach, auch zu guthem theill mit weib vnd Khindt hieuor anhero Gastweiss khommen, die sich auch widerumb In andere orthere sonderlich den Rhein straum vff von binnen begeben. Als wir aber folgends berichtet, das etliche derselbiger sich hie heusslich niederzulassen vorgenommen, haben wir vor einem Monat Zeits solche fürsehung thun lassen, damit benente frembde vnnd verdechtige Leuthe bald von hinnen in andere ort verreisst seint, Also das vnsers wissens dieser Zeith von solchen fremden obangeregten freuels vnnd Rebellion verdechtige Personen In dieser vnser Statt niemandt gegenwurtig, wir auch dieselben Freueler vnnd vffruhrer bei dieser vnser gehorsamer vnnd Catholischer Bürgerschafft nit leiden, vil weiniger gestatten khonden In vnser Statt einiche sorgliche Prackticken wider hochg. Kön. M. zur Hispanien Erbniederlande vorgenommen oder getrieben werden solten. Vnnd darumb sollen E. F. G. sich zu vnns gewisslich versehen, das wir alsolchen vffrührern, Vngehorsamen Kirchen- vnnd Bildtstürmern, jae gemeines Friedens widderwertigen leuthen wissentlich keinen vnderschleiff geben oder Inraumen, sonder dae vnnss nun oder künfftiger Zeith dern einige angezeigt oder sunst wir dern gegenwurt berichtet wurden, dieselbe vnuerzüglich In straff anzunemen vnnd sunst nach gepuer mit Hab vnd guttern von hinnen vsszuschaffen endtlich gemeint sein, welches E. F. G. (die der Almechtiger In fridlichem ruwigem Gubernament lauge Zeith selig erhalten muss) wir zu vnderdienstlicher Antwurt nit verhalten sollen.

Dat. 8 Juni a. 1567.

Protocolla actorum cancellariae, 1566 u. 1567.

Nr. 6.

Rathsedict vom Jahr 1567.

Primo — Nemo incola, nemo advena domum, domus vel partem ullam alicui, nisi is probatae fidei suae testimonium publicum attulerit, locato; qui secus faxit quinquaginta florenos aureos fisco pendet, vel in carcere ad quadrantem anni pane et aqua victabit.

Secundo — Omnes exteri intra tempus constitutum urbe excedant, nisi coram consulibus cuius religionis sint, quaque conditione aliunde recesserint, exposuerint.

Tertio — Exterus nemo nocturno tempore per plateas vagetur; qui deprehensus fuerit, carceri mancipetur.

Quarto — Quisquis clamaverit: vivent les geux! in vincula conjiciatur, ubi trimestri pane et aqua maceretur, qui eum percusserit, immunis erit, si nummosus sit, aere mulctetur.

Quinto — Quisquis extra civitatem matrimonium inierit, iure civium ipso facto privatus sit, qui gravidas uxores foras mittunt ut ibidem infantes apud haereticos baptizentur, denique de quorum parvulorum baptismo parochis nihil constat, eorum parentes ius civium amittant.

Sexto — qui ante mortem ritu catholico sacramenta recipere detractavit, sine honore Judæorum in agro aut foris alibi sepeliatur, qui funus eius comitabitur, quinquaginta florenis aureis mulctetur, vel incarceratus tribus mensibus pane es aqua vivat.

Nr. 7.

Königsloke an den Rath der Stadt Köln.

Hochachtbare, vorsichtige vnnd weise, gnedige gepietende Liebe Hern. Als E. G. mir hiebevoren ernstlich beuolen mich mit sambt Weib, vnd Kindt disser Statt zu enteusseren, hab Ich doch dermassen gutten bescheidt vnnd mein daher erspriessendt eusserst verderben zu erkennen geben, das dieselbigh mich bisdaher gnedigklich geschützt, geschirmbt vund gelitten haben, dessen ich mich dan vor mich, mein Weib vnnd Kindt vnderthenigklich bedancken thue.

Dweill aber über allo meine hoffnungh, auch vnuerschuldeter sachen mir nhun Kurtzuerschienener tage abermalle ausgesagt, auch mein Laden mir zuuerspert vnnd etwas zu uerkauffen beuolhen worden, Magh E. G. Ich vndertheniger meinungh daglich vnnd betruebter weiss unerjnnert nicht lassen, das dieselbigh mich, als Ich hieher mit whonungh mich begeben, nicht leichtfertiglich, sundern auss guttem reiffem bedenken zu einem Mitbürger gnedigklich an vnnd auffgenommen vnnd meinen Abschcidtbrieff (den sie über anderthalben tagh hinder sich gehabt) sich zuuor anzeigen vnnd vorbringen lassen, daruff sie nach befindung desselben den Gaffelhern des Himmelreichs bevolhen, mich vor eynen mitburger anzunhemen. Wie Ich dann also, vermüge E. G. gnedigen beuelchs inn der Gaffell zum Mitburger angenommen worden, Vnnd Ich dere endtlicher meinung war mich mit Kauffmannschafft zu ernheren, So bin Ich In E. G. Renthkhammer bescheiden worden, Gestaldt dauon alle gebürliche bürgerliche Rechten zu bezalen, deme Ich auch in aller gehorsamb nachkhommen.

Darauff E. G. mir vnder Irem Siegell auch Bürgerbrieff mitgetheilt, vnnd mich aller Priuilegien vnnd Freiheitten gleich andern Bürgern mittheilhafft gemacht.

Als Ich mich aber auff solicher aller in guttem Vertrauwen auf solche mir verlehnete freiheitt gentzlich verlassen, Auch mich dermassen gehalten, das mit warheidt mir nicht nachgesagt werden soll, dieselben entgollten zu haben, Ist mir abermalen von E. G. wegen derselben Deputirter gebotten vnnd beuolhen, mich vor vergangenem irsten tagh Decembrj mit Weib vnnd Kindt wegzumachen.

Wenn Ich nhun schoen einige vnthat (deren mich verhoffentlich kein mensch überweisen soll) begangen, domit Ich meine gnedigk verlehnete freiheitt verwirkt hatte, So ist mir doch jn der warheidt nicht thuenlich oder muglich, demselben gebott zu gehorsamen, Auss den vrsachen, das ich mich nach disser Stadt vnnd Landt Art mit allerlej whar (die mir sonst an andern orten nicht nutz sein kunnten) versehen, dauon Ich auch disser ortt kaufleut schuldigh bin, zudem hab Ich auch, so Inn disser Stadt als auch an auswendigen hirumb gesesscnen Leuthen mher als 4000 gulden schuldt, Also das mir vnmöglich ohne mein entlich verderben dermassen eilendt zu nerziehen. Obwoll Ich nhun nicht verhoffe, das Ich dermassen meiner verlehneter Freiheit soll beraubt werden, So mach doch E. G. vndertheniger dienstlicher meinnngh oenuermeldet nicht lassen, das Ich eine geborne Cölnische Dochter zum eheligen weib habe, deren Vatter (welcher nhamen war Bernhardt Robbertin Schnitzler) in E. G. vnnd der loblichen Stadt Dienst vor Wien Jnn Oesterreich Im Kriege plieben, Also das Ich auch mit obger meiner Haussfrawe vnd Ihres Vatters getreuwes Diensts halber, neben anderer meiner gegebner freiheit, zugemessen gentzlich mich versehe vnnd vertroeste.

Nachdem dan alles wie vor erzelt dermassen In der warheidt beschaffen, Vnnd Ich E. G. vnd deren Stadt bej dem Heiligen Euangelio einen Aidt geschworen, derselben getrow vnnd holdt zu sein, hab Ich mich auch dermassen verhalten, das Ich dern verhaffentlicher zuuersicht bin, Niemandtz über mich etwas wahrhafft bringen soll, damit Ich meine bürgerliche Priuilegia vnd freiheiten verwirckt haben mochte.

Vnnd ob schoen der gmeine disser Stadt jnn die ohren geben wirdt, Als sollten die Niederlender sonderliche auffrhur anzurichten vorhabens gewesen sein, weis Ich mich doch (wens schoen whar where, welchs sich doch verhoffentlich nhummer erfinden solle) einigen Bilderstürmens oder einiges rhats zu Auffruhr nicht zu erjnnern.

Derwegen vnnd wo enige obgunstige eigennutzige leuthe, Es seien Kauflleuth, kremer oder andere, wer sie auch wollen, mich dessen besagen vnnd überweisen wolln, bin Ich vrbutigh vnd nher dan willigh, deshalben vor E. G. vorzukhomen · nnd mich der massen zu uertheidigen, das dieselben mich in dem vnschuldig finden sollen, wie Ich mich dan deshalben auch gebürlichen Rechts will erbotten haben.

Dweill Ich mich dan des gemeinen nachsagens frej vnnd sicher weiss, Langt an E. G. mein vnderthenigh pitt, Sie wollen sich der obrigkeit nach pauli des Apostels lehre, gebürlicher pilliger weise gebrauchen vnnd das schwerdt Ihrer Obrigkeit, die vnschuldigen zu beschirmen, die schuldigen aber zu straffen fhüren, Sich christlicher, als man wolte Ime geschehe, mit seinem nehisten ertzeigen, vnnd mich hinfurt Hie bis anhero sitzen, vnnd mein Hauss widderumb offnen lassen, vnd beschützen vnd schirmen wollen, domit Ich meine entlich verderben vmbgehen, vnnd mich, mein Weib vnd Kindt desto bas erlich ernheren mtichte, daran thun E. G. als eine Obrigkeitt ein Christlich mitleidenlich werck der barmhertzigkeit hinwidderumb E. G. zu uerdienen, kenne Gott, der dieselbe langwirigh vnnd glückseligk In guttem Regiment erhalte,

E. G.
vndertheniger gehorsamer
Mitburger
Hubrecht von Koenigs Loe.

Original im Stadt-Archiv. Die Bittschrift ist ohne Datum; sie scheint aus dem Jahre 1567 zu sein.

Nr. 8.

Schreiben des Prinzen Wilhelm von Oranien an die Stadt Köln.

Wilhelm von Gottes gnaden Prints zo Uranien,
Graue zu Nassaw Catzinelnpogen.

Unsern gunstigen gruss sampt allem guetem zuvor, Ernveste, Fursichtige vnd wise liebe besondere. Wir haben gegenwertigen den Ernuesten vnsern besondern gueten freundt Otten von der Wolffers, obersten, sachen halben, wie Ir gegenwertig von Ime vernhemen werdent, muntliche werbung anzupringen, zu euch abgefertigt.

Demnach ist vnser gunstigs gesinnen, Ir wollent ge-

dachten vnsern Abgesandten guetwilliglichen anhoren, seiner werbnng dissmals gleich vns selber volnkhommenen glauben zustellen, vnd euch daruff dermassen wilfarig erzeigen, wie wir ein gunstiges vertrawen zu euch tragen. — Darumb euch sampt vnd sonder, mit gunstigem willen hinwidder zu beschulden, scint wir altzeit geneigt.
Datum bey Lechenich in vnserm Veldtlager
den 17. Septembris anno 1568
Euer gutter freundt
Wilhelm Printz zu Uranien.

Original im Stadt-Archiv.

Nr. 9.
Die Stadt Köln an den Herzog zu Alba.

Unseren etc. Hochgeborner fuerst, besonder lieber her E. F. G. schreibenn Im khüniglichen veltleger zu Canneren am 14. jungst verflossenen Monatz Novembris datirt Ist vns am 19. desselben überandtwortt vnd haben dorauss die beschwerliche vergwaltigung, so der Kon. Majst. zu Hispanien vnsers gnedigsten heren etc. gehorsamen vnderthanen In den Nidern Erblandenn durch den heren Printzen zu Vranien etc. vnd andere Kriegsuerwanthen zugefuegt, mit augehenckten schliesslichem begeren alles ferneren Inhaltz nach der lenge vernhomen. Sollen daruff hochgedacht E. F. G. wir In Andthwortt dienstlich nit verhalten, das wir angeregte vergwaltigung vnnd Kriegsgewerb mit beschwertem gemuet sondern auch vngern verstanden, das E. F. G. fürbracht sei, alss solte der Printz von Vranien auss vnser Statt mit Kriegsrüstung sich gesterkt haben etc. Dargegen geben E. F. G. wir diesen warhen bericht, das der her Printz von Vranien von vnss keine Kriegsrüstung bekommen vnd ob er woll mit seinem gwaltigen hauffen fast nahe bei diese Statt onuersehens gerückt, etzliche Commissarien mit

Credentz zu vns abgefertigt vmb gelt, Munition vnd Prouiande mit hochstem fleis vnd ernst ansuechen lassen, So Ist doch Ime dem Printzen solchs von vns verweigertt wordenn. Solt aber wolgedachter her Printz zu Vranien etc. oder die seinige von vnseren Burgeren vnnd eingesessenen einige rüstung haben Inkauffen lassen, das ist vns der zeit nit eigentlich fürkhomen vnnd dha nach gebrauch dieser Statt taglicher Bürgerlicher nharung allerhandt rüstung alhie vnwissent vnser bestelt, So khommen wir sunst mitlerweil in erfharung, das zu E. F. G. vnd des Königs von Frankreichs Kriegsvolck ein grosser theill von rüstung binnen vnser Statt Ingegolden worden.

Demgleich vnd ob woll vielerhandt Leuthe hohen vnd Nideren Standtz Personen In diese des heiligen Reichs Statt nach Irer gelegenheitt vnnd bequemichkeit des Reinstrombs ahn vnnd abkommen, ein Zeitlangk hiebliebenn, Iren pfennig In offenbarenn herbergenn, Iren eigenn oder bestandener heuserenn verzeherenn, züchtich vnnd one neuwerungh sich haltenn, So woltenn wir jedoch das mit thattlichenn fürnhemen der Kön. Majestät zu Hispanien vnseren gnedigsten heren Ithwes zuwidder allhie wircklich zugerichtett werdenn solte, gantz vngerne gestatten, wie wir dan auch etliche so sich heymlich vnderstanden binnen dieser Statt widder hochstgedachte Kön. Majst. zu Hispanien Kriegsvolck zu bewerbenn mit verstrickung vnd sunst ernster gepür von Irem fürnhemen abzusehenn angehaltenn, Auch etliche vnsere Ingesessene so widder vnser Edict sich einschreiben lassen, sich sollichs dienst zu endledigenn ernstlich getwungenn, Dan wir des geneigten dienstlichenn gemütz da wir hochsgedacht Kön. Maj. zu Hispanien vnnd E. F. G. alss Gubernatorenn der Niderlandenn vnderthenigenn vnd dienstlichenn willenn erzeigenn mogenn, das wir jeder Zeitt wilfarich sunst auch wie bei Zeithenn hochlobligster seligster gedechtnuess Kaysers Carllo des fünfftenn In gleichen Kriegsübunge geschehen onuerweisslich befunden werden vnnd haben sollichs E. F. G. die wir dem almechtigen seliglich befelhen dienstlich mit verhaltenn sollen. Geben am 22. December a. 1568.

Protocolla actorum cancellariae, de anno 1568.

Nr. 10.

Aus dem Verzeichniss der Fremden in St. Mauritius-Kirchspiel, 1568.

Gegen des Herrenn Pastors Hauss über wonnet ein gewessener Scheffen zu Antorf, welcher kein Kirch frequentirt.

Nr. 11.

Die in Köln ansässigen Niederländer an den Rath.

Hochachtpare Fürsichtige G. Herrenn. E. G. sein vnser gantz williger dienst vnnd schuldige gehorsamheitt hogstes Fleiss Jeder Zeitt zuuor. Gnedige Herren, Wass E. G. hiebeuorn von wegen der ausslendischer, so in jetzigen betrangten ellende vnder E. G. milte beschirmung geflohen, beuolen vnd offentlich publicieren lassen, wissen wir in aller vnderthanigkeit vnss zu erinnern, Vnnd dweill der furgestalter Oberkheit zu gehorsamen wir In alle wege vnss schuldig erkhennen, hetten wir gerurtem E. G. beuelh nachzusetzen niet vnderlassen sullen, aber G. lieben Herren, In Betrachtungh der scharpffen geschwinder Regierungh vnsers Vatterlandtz, dha schuldige vnd unschuldige vnerhorter sachen zu gleich mit groister vnmildigkeit In Hafttung gezogen, Irer gutter entsatzt vnnd Jammerlichen hingerichtet werden vnnd gleichuals das alle vmbligende Landen vnnd Stede von vnsern Landtzleuten leider mehr dan vberladen sein, Alls haben wir khaine wege der aussflucht zu bedenkhen wissen, ess were dan der allmechtige Gott vnuss seinen Hemell eroffenen vnd dar In nemen wulde, der vndertheniger vertroistung E. G. die vuss biss daher mit gnaden vfgenomen, welchs gegen dieselbe als ein milte Christlich vnnd barmhertzig werkh, wir vnnd die vnsere Jeder Zeith bogst zu raumen vnnd zu bedankhen schuldig sein, wurden hiefür Iren gnadigen schutz vnnd schirm In diessem ellende vnss niet verweigern, Insonderheit dweill E. G. In furigen verschiedenen Zeitten anderen Volckheren, In gleichem stande wir jetzo sein, sich dergestaldt troistlich vnd mitleidiglich erzeigt vnd dessen bij allen menschen vnsterblichen raum erlangt haben, So sein wir mit vnsern Hausshaltung vnnd gesinde die Zeitt hero fleissig dar an gewest, das wir aller Clag vnnd ergernuss furkhomenn mochten, wie auch dasselbige hinfurt zu thun E. G. Pollicey vnnd beuelh nach allem vermogen vnss sampt vnnd sonder gleichformich zu halten, in aller vnderthanigkheit geflissen sein wollen, dienstlich bittende dha einiger van vnss In abgelauffenen Zeitten hergegenn gesündigt oder künftiglich sich vergreiffen wurde, E. G. demselben gepurlicher straff vnderwerffen vnnd die gehorsame hergegen beschutzen wolle.

Gezeuguuss vnsers abscheidtz furzubrengen, were vnss villicht niet beschwerlich, wan die vnuersehnliche emperung vnd plotzlicher vberfall dessen furhin vnnd ehe wir vnser Vatterlant verlassen vnss zu erinnern Zeitt vergunnet hedten, auch sein vnser niet wenig an den orterenn, von welchen wir ussgezogen, selbst die Oberkheit vnd derwegen von kheinen andern abschiedsbrieff eruorderen khonnen.

Ist derhalben an E. G. vnser sampt vnd sonder vnderthanige pitt, auch vmb der barmhertzigkheitt Gottes vnd seines Sons Jesu Christi willen, E. G. wollen die milte bishero beweiste beschirmung vnss ferner neit verweigern, sondern noher vnser Jammerlich ellendt In diessen betrangten nötten zu hertzen füren, Und dweill wir troistlicher Zuuersicht sein, ess werde der allmechtige Gott die strenge Regierung vnsers Vatterlandtz mit der Zeitt mil-

teren, wollen vnss biss zu aussgang diesses ellentz In Jhr Stadt hauss vnd Herberg zu geben sich gnedigklich geuallen lassen. Sullchs gegen E. G. alle vnd Jede disser Stadt fürgestalte Heupter vnnd gantze Bürgerschafft willen wir niet allein In vnderthaniger still und schuldiger gehorsamheit, sonnder wan der allmechtige Gott vnss zu vnsern herlichkheiten, gepieten vnd Hausshaltungen, wie wir dess in vngezweiffleter Hoffnung stehen, weder brengen wirdt, mit hogster Dankhbarheit, Diennst vnnd vergeltungh nach allem vnserm vermögen die tage vnsers lebens zu uerschulden Ingedenkh sein, E. G. (die der allmechtige Gott In lankhwilliger fridtsamer wolstandt gefristen wolle) gnedige zuuersichtige Antwort dienstlich bittende
E. G.
Guttwillige gehorsame auss Niederlandt.

Lectum d. 30. Mai 1569. Das Original im Stadt-Archiv.

Nr. 12.

Reymont Reyngodt an den Rath.

Hochachtpare waise gnadige lieben herren. E. G. verkundigtes Warnung zu gehorsamen kan ich derselben nitt verhalten. Nachdem sie mich gnediglich nach vorgangener examination alhier zu verhalten folgentz diesser beygelechte copey vergunnet, Ich auch vff die himmelreische Gaffel vereidt pin, hab auch vil gelts an hauss vnd andern Vorrath gelacht. Hab mich auch allwegen gepurlich, behorlich vnd vnverweisslich mitt weib, Kindt vnd gesinde in Gottlichen Religion vnd politischen sachen gehalten, dass niemantz meinent noch meiner familien halben schaden noch argerniss genommen noch auch sonst (dass mir bewusst sey) Clag vber mich kommen vnd man auch Jemantz wahr, der mich solches halben beklagen oder beschuldigen wolte, bin vrbietig derselben vrtheil zu gewarten. Wiewol nun darauss befintlich Ich aller vfflage in E. G. Warnungsakt begrieffen vnschuldig, so hatt doch die Wittwe Schlösskint welches hausgesess ich bin, mein Hauss mir vffgekundigt. Dieweil aber E. G. Edict wie furgemelt mir in keinem zuwidder, Ich anders auch nit begere dan in aller still vnd demut vnder derselben gnadigen beschirmung in bürgerlichen vnd geistlichen sachen mich zu verhalten, demnach ist an E. G. mein vnderthanige bitt beij zuuor vergunter verhaltung mich gnediglich zu handhaben vnd gedachter Witwen darzu zu vermogen, Ich in meinem hauss mach geduldet werden, am geringsten vor sulchen gefuchlichen Zeitt dass ich meine aussstehenden schulden einfordern muge. Sulch gegen E. G. mitt vnderthanigkeitt zu uerschulden sullen dieselbe auch jeder Zeitt hochster Fleiss geneicht finden E. G.

vnderthauiger
Reymont Reyngodt.

Aus dem Juni 1569. Original im Stadt-Archiv. Auf der Rückseite: commoratur in der Reingassen in Schlossgenss behausungk, hat 3 Commensalen.

Nr. 13.

Der Rath der Stadt Köln an den Herzog von Alba.

Unseren willigen beraidten Dienst vnd vermogen zuuor hochgeborener Fürst, besonder lieber her. Alss die wolgeborne Frawe Leonore Geporne von Montmeranci Graffin zu hochstraten etc. eine Zeitt langk in dieser des heiligenn Reichs Statt Collenn vnd in Irer Edele berechtigter behausung beherbergt, In Geistlichenn vnd weltlichenn sachen Ehrlich vnd gantz vnuerweisslich sich gehaltenn, Nhun durch E. F. G. gnedige befürderungh (alss wir berichtet) vnd der Kun. Maj. Niedererlande sich begeben willens, hat jetzt wolgedachte frawe Leonore an vnss vmb Irer Edel. Kundtschafft der warheit ires in dieser Statt guetten wandelss vnd lebenss an E. F. G. mitzutheilen vleissich begertt, welchs begeren alss der pilligkeit gemess wir Iren Edel. nit verweigern sullen, fuegen demnach hochgedacht E. F. G. wie dienstlich zu wissen, das wolgedachte frauwe Leonore Graffin zu Hochstraten, So lange Ire Edel. nhun fast zwei Jahr langk in diser des heiligen Reichs Statt Colln vorss. haus gehaltenn, sich nit anders dan einer Christlicher Ehrliebenden Graffinnen gepurt, In Catholischem glauben vnd alther warhen Ceremonien der heiligen Kirchen, wie in dieser Statt von vnvurdencklichen Jahren loblich vnd Christlich hergebracht, so sampt Irer Edel. Gesinde Erbarlich vnd fromblich gehaltenn, also auch das nicht allein kheine Clagh darüber vast Inkhomen, sonder das wir auch sollichs bei leben Ires hern vnd Graffen zu Hochstraten vnd nach desselben Absterben durch haltungh Christlicher Catholischer Memorien (dabei wir zu guttem theill auch gegenwärtig gewest) vnd anderen kirchlichen Ceremonien gesehen vnd sonderlich woll vernommen haben. Konden auch für Gott vnd den Menschen mit warheitt anders nit bezeugen, dan wir obwolgedachte Graffin In allem Iren thun vnd wesen Catholischen lebenss vnd wandelss in warheit befunden, darumb das wir Iren Edelen so vill an vnss auch Christlichem eyffer mit sonderer gunst pillig vnd von hertzen gewogen seint. Derohalbenn vnd ob wir nit zweifelten, E. F. G. werden wolgedachter Graffin von Hochstraten angeporener Tugend, frombkeit vnd als einer Liebhaberin des Catholischenn glaubens mit sonderer gnad geneigt sein, zuforderst auch Ire Edel. in sonderm schutz nemmen. Nichtz deinender vss jetzt vorbestimpten Ursachen haben hochgedachten E. F. G. die offt wolgedachte Fraw Leonore Graffin wir hirmit pilliger gepuer nach wahrhafftlich zu recommendiren nit vnderlassen sollen, der vngezweiuelter zuuersicht, E. F. G. werden Ire Edel. in gnedigen schutz vfnemmen vnd in gueter sicherheit erhalten. Haben also E. F. G. wir dienstlicher wolmeinung onuermeltt nit sollen lassen, dieselbe damit dem allmechtigen zu langer gesundheit vnd friedlichem wesen selicblich beuelhend. Geben vff den zweivndzwanzigsten des Monatz Augusti anno 1569.

Protocolla actorum cancellariae, 1568 u. 1569.

Nr. 14.

Constitutio pro Principissa Vrangiae.

Universis et singulis etc. dans et concedens predictis procuratoribus suis conjunctim et divisim plenam et omnimodam potestatem coram illustrissimo Domino D. Ferdinando Aluares de Toledo Duce Albano sanctae Regiae et Catholicae majestatis Inferiorum Burgundiae terrarum Gubernatore generali ac Capitaneo primario et amico nostro Colondissimo comparendi atque suae illustrissimae celsitudinis scriptum quoddam seu requistum (ut vulgo vocant) debita cum reverentia offerendi et praesentandi. In qua ut asscrebatur, petatur propter procrastinationem causae principalis summarie et de plano cognosci praedicteque D. Constituenti Jus et Justitiam super dote et donatione maritali irrevocabili dici et respective administrari, Et sic super reditu annuo pro concurrente capitali summa octuaginta milium dalerorum conjunctim et divisim super dote, quae in septuaginta millibus et donatione maritali, quae in decem millibus dalerorum consisteret, pro quibus bona indicta supplicatione expressa hypotheca et obligata existerent sive praejuditio tamen principalis petitione (quam primo quoque tempore sibi adjudicari peteret, cum omnibus suis clausulis ac sub protestatione debita, quod ejusmodi separatio causarum nullum sibi faciat prejudicium), Circaque praemissa et quae sibi ea ratione quomodolibet necessaria videbuntur, diligenter sollicitandi, dicendi et pronunciandi, approbandi et ratificandi predictae supplicationis contenta. Et quo jure sequuta sunt. Unum quoque vel plures etc. etc. uti ex aliis etc. Actum 26 Octobris Anno 1569.

Protocolla actorum cancellariae, 1569 u. 1570.

Nr. 15.

Constitutio pro Anna principis Orangiae uxore.

Universis et singulis cujuscunque status, praeeminentiae vel conditionis fuerint, ad quos hae nostrae patentes litterae dirigentur, easdem legerint, vel audiverint, nos Consules et senatus imperialis civitatis Coloniae Agrippinae post obsequiorum nostrorum promptitudinem notum facimus et attestamur per presentes anno et die infrascriptis, illustrissimam dominam Annam ex nobilissima prosapia Ducum Saxoniae prognatam legitimam conjugem illustrissimi Domini Guilhelmi principis Orangiae coram nobis personaliter comparuisse. Quae sic constituta omnibus melioribus via, jure, causa et forma quibus melius et efficatius de jure potuit ac debuit, fecit constituit creavit atque sollemniter deputavit suos veros certos et indubitatos procuratores, actores, factores et nuntios generales et speciales, ita tamen quod specialitas generalitati non deroget nec e contra; videlicet nobiles clarissimos et disertos viros Laurentium holtman utriusque doctorem civem nostrum nec non Haef ab cassel suae celsitudinis oeconomum et Marcum ab Naenhoffen, absentes tamque presentes simul et quemlibet illorum in solidum, ita tamen quod non sit melior conditio primitus occupantis nec deteriore subsequendo, sed quod unus illorum inceperit, alter ipsorum id prosequi mediare, terminare valeat et finire ad effectum perducere, dans et concedens predictis suis procuratoribus conjunctim et divisim plenam et omnimodam potestatem coram illustrissimo domino Ferdinando Aluares de Toledo Duce Albano sacrae regiae et catholicae majestatis inferiorum Burgundiae terrarum Gubernatore generali et Capitaneo primario etc. amico nostro colendissimo comparendi atque suae illustrissimae Celsitudinis scriptum quoddam seu requestum (ut vulgo vocant) offerendi ac debita cum reverentia presentandi, in quo scripto ipsa domina constituens (ut retulit) petat de contentis in contractu suo antenuptiali inter illustrissimum dominum D. Augustum

Saxoniae ducem et principem electorem internuntorem prodicta domina Ducissa ex una et predictum Dominum Guilhelmum principem Orangiae ex altera partibus celebrato et comfirmato sibi satisfieri eaque propter dimitti reddique sibi comitatum de Vianden, Domina cum suis redditibus, juribus et pertinentiis de sancto Veit, Warnesshon, Grave et terras de Cuyrk obligata et hypothecata sibi pro duoderim millibus et quingentis daleris Saxonicis annuorum reddituum, jam pridem per fiscum Regiae majestatis Hispaniarum detenta, ita uti praememorata Ducissa iisdem comitatu, terris et dominiis libere et ad concurrentem summam duodecim milium dalerorum ratione usus fructus et quoad alteram quingentorum dalerorum summam pro donatione maritali vulgo „Morgengab" in Germania nuncupata constituta, uti et frui possit ac valeat. Et quatenus dicta bona ad plenariam solutionem dictarum annuarum pensionum non sufficerent, tum ex aliis principis Orangiae bonis per dictum fiscum occupatis cum fructibus et annuis pensionibus a tempore occupationis addenda et rependenda esse, prout illa in predictis litteris latius fusiusque descripta haberentur, circaque praemissa et quae sibi ea ratione necessaria videbuntur, sollicitandi, gerendi et expediendi approbandique et ratificandi contenta supplicationis seu requesti XXVI praeteriti mensis Augusti dicto illustrissimo Duci Saxoniae Electori per prememoratum Oeconomum suum porrecti et quae inde sequuta sunt, unum quoque vel plures procuratorem seu procuratores loco sui et eorum cujuslibet cum simili vel limitata potestate substituendi, eum vel eos revocandi toties quotiens opus fuerit et sibi vel alteri eorum vi debitur expedire presenti procuratorio nihilominus in suo robore duraturo, et generaliter omnia et singula faciendi, gerendi, sollicitandi et procurandi quod ex premissis et circa ea necessaria fuerint seu quomodolibet oportuna, et quae ipsamet domina constituens faceret seu facere posset, si praemissis omnibus et singulis personaliter interesset, etiamsi talia forent, quae mandatum exigerent magis speciale quam presentibus est

expressum, promittens ad manus nostras stipulandas se
ratum gratum atque firmo perpetuum habiturum, totum id
et quidquid per dictos procuratores constitutos et substi-
tuendos actum, dictum, gestum, sollicitatum et procuratum
fuerit, in praemissis seu quolibet praemissorum relcuandi, eos-
dem ab omni onere satisdandi, sub hypotheca omnium et
singulorum bonorum mobilium et immobilium subque juris
et facti renuntiatione. In quorum fidem et testimonium
praesentes litteras sigilli nostri ad causas adpensione communiri mandavimus.
Datae anno millesimo quingentesimo sexagesimo nono
die vero XXVI. mensis octobris.

Protocolla actorum cancellariae, 1569 u. 1570.

Nr. 16.

**Ferdinand Alwares von Toledo Herzog zu Alba Marggraff zu Coria etc.
Kun. Maj. zu Hispanien etc. Gubernator general und obrister
Veldthaubtman der Niederlande.**

Ernvest, Ersam, Weise, lieb besonder. Wiewol wir uns
Eueren vielfeltigen schreiben und erbietten nach gentzlich
versehen hatten, Ir wurdet dieser der Kun. M. zu Hispanien
etc. unsers gnedigsten Herrn Nider Erblanden unserer Verwaltung offenbare vheinde und entwichene straffmessige
Rebellen bey Euch kain heussliche beywonung, Herberge
oder Underschlaiff nicht gestattet, Sonder dieselbigen zu
ainem abscheulichen Exempel von Euch fueglich abgewiesen
haben, Und das aus ursachen der vertraulichen gutten nachparschafft und verstendnus, so je und alwegen zwischen
diesen Niderlanden und Euch von gemainer Stat Cöllen
wegen standthafftiglich underhalten worden. Neben dem
das ain jede frid und Recht liebende Obrigkhait in solchen
Rebellionsachen und beschwerlichen Obligen zu verbuettung
nachthailigen eingangs billig dem betrangten thail mithilff-
liche handt und beystand laisten solle, so khomen wir doch

jetzund in glaubliche erfarung, wie das sich dem allem als vorgemelt zu entgegen ain vast grosse anzhal dieser Landen wissentliche vheinde und flüchtige Rebellen bey Euch heusslich niedergethan und dermassen gehauffet haben, das nicht allein diese Niderlande und Insonderhait derselben hin und wider handtirende underthonen, Sonder auch gemeine Stat Cöllen umb Ir der Rebellen grosse menigte und taglichen beywonnens willen sich solcher Rebellen widerwertigen Practicken und furnem nicht wenig zu befahren. Wan wir uns nun desfals kainen zweiffel machen, solche abtrennige vffrurische Leuthe, die werden ungeacht Ires abwesens auch zu seiner Zeit von Gott dem Allmechtigen, als dem gerechten Richter und ainigen Handhaber der christlichen Obrigkhait, Ire wol verdiente Belohnung empfahen, So habt Ir euch doch vernunfftiglich zu berichten, das solche der Widerwertigen wissentliche beywonnung mit der alt vertreulichen gutten nachparschafft und der billigkhait selbst gar mit nichten uberain stimet, und uber das darbey desto mehr nachthails und gefahr zu gewartten, dieweil laider noch frische exempel vorhanden, wie es etwo solcher uffruerischen Leuthe halb an andern orthen ergangen. Derhalben haben wir nicht allein von dieser Landen, die sich vermittelst göttlicher gnaden und hilff vor unbillichem gewalt wol zu retten wissen, sonder auch um Euer und gemainer Stat wolfart, und also umb gemainer besten und erhaltung ruhe und fridens willen fur ain grosse notturfft eracht, Euch dieser Dinge nachparlicher wolmainung zu erinnern Gnediglich begerendt, Ir wollet zu wurklicher underhaltung recht bestendiger gutter nachparschafft und dan zu verhuettung allerseits anwoender gefahr Euch desfals dannest dermassen in die sach schickhen und dasjenige mit dem werkh erzeigen, was die billigkhait und gutte nachparschaft auch Euer selbst und gemaine wolfart von Euch verfordern, wie wir dan ungezweiffelter Hoffnung, Ir für Euch selbst hierzu genaigt sein werdet, Solches neben dem das es Euch und gemainer Stat zum besten und billicher weise geschicht, wollen wir an stat hogstgemelter Kun. M. gegen Euch und samentlicher Stat in nachparlichem guttem Willen hinwider gnediglich beschulden.

Geben zu Brüssel in Brabant am andern Dage des Monats Dezembris anno etc. im neunundsechzigsten.

F. A. duce de Alua.

Der Originalbrief im Stadt-Archiv.

Nr. 17.

Johann Rubens an den Rath.

Gheeft te kennen uwe eerweerdicheden Jan Ruebens geboren van antwerpen, hoe dat hy alhier binnen deser stadt is gecomen resideren met syne familie om sekere syne affairen te vorderen ende dirigeren, misgaders om andere wettighe redenen hem daer toe mouerende, hebbende hem in syn vaderlant, ende alomme altyt vromelick ende loffelick gedraghen, gelyck hy oock niet gebannen, geproclameert off voervluchtich en is, ja van geenen quaden off ombehoorlicken saken gesuspecteert, blykende by behoirlicke certificatie hier beneffens gevuecht, ende van opten goeden vrydach lestleden (obedierende uwe eerweerdicheden gebot) deur den heere van Lieskerken geexhibeert in den raedt, gelick oock de selue gevisiteert synde, ende gezoent hebbende het rapport van den vs. heere van Liskerken, hebben uwe eerw. int scheyden van den raedt opentlick (soo somighe van den heeren mach kennelick syn) deur monde van den vs. heere den suppliant geconsenteert binnen deser stat vrylick ende peyselick te moghen woonen ende neerslaen, seggende dat synen persoon aengenaem was, waer op de suppliant hem verlatende ende gedaen hebbende den eedt van getrouwicheyt aen dese stat int incommen van sekere gaffele windeck heeft een huys gehuert, ende van als prouisie gemaeckt om eerlicken ende tamelicken binnen deser stat te woonen ende hem to houden, maer is gebeurt dat opden 28 May lestleden sekere heeren commissarissen den suppliant voer hen omboden hebbende, beuolen hebben bennen acht daghen te vertrecken, ten waere hy voer uwe eerw. hem konte purgeren ende van syne qualiteyt bennen middelen tyt onderichten, vnder pretext dat van tgene voerseet is geen registre gehouden en was, dwelck doende suppliccert in alle reuerencie uwe eerw. dat hen gelieue regart nemande opte voergn. allegatien ende besunder opte vors. certificatie by personagien van qualiteyte tot getuygenisse van des supliants leuen ende conuersatie, gepasseert oock nae date vande vorleden troubelen by apostille opte margie van dese aff anderssins, een vs. supliant toetelaten bennen deser stat peyselick te moghen resideren sonder voerder stoernisse, gelick alreede van op ten goeden vrydach hem by uwe eerw. geconsenteert is geweest, dwelck doende sult wel doen

uwe eerw. dienare Jan Ruebens.

Das Original im Stadt-Archiv.

Nr. 18.

Johann Rubens an den Rath.

Eerweyrdighe Edele wyse voersinnighe Heren etc.

Gheeft ootmoedelick te kennen Johan Ruebens gheboren van Antwerpen, hoe dat hy ouer twee jaren alhier binnen deser Stadt met synen ghesinne is comen woonen om seckere syne affairen ende processen te vorderen, sonder dat hy om enich pretens delict off vervolghinne uyt synen vaderlande is geweken, ghelyck hy oock niet en is ghebannen, geproclameet oft ghetickeet, hoe wel is bekent als gewest hebbende acht continuelicke jaren een vanden Wethouderen ende magistrat binnen antwerpen, binnen middeler tyt is gebeurt, dat durluchtighe hoegeborene fürstinne ende vrouwe de princesse van Orangien den suppliant heft gheimployeert in hare saken ende processen, hebbende den seluen ghenommen in hare familie voer haren dienaer ende Rbaett, ghelick oock hare f. g. hem heeft benolen hare kinderkens ende ghesinne alhier noch wesende. Nu ist alsoo dat den suppliant heeft verstaen, dat uwe eerw. den vremden willen doen vertrecken welck considererende (al ist alsoo dat den vs. suppliant hem bevint, niet ghecomprehendeert te syne in dem edicte als hebbende brieuen byde welcke uwe Eerw. den seluen toelaten alhier te moghen resideren ende dat hy hem in gottlicke ende politique saken (soo de vs. brieven hem belasten) soo heeft gequeten, dat nymant daer op te zegghen heeft) heeft wel willen obedieren ende suppliceren ten eynde uwe eerw. hem willen laten continueren alhier syne residencie ende ghenieten het beneficie hem eertyts verleent, besuuder want syne conditie tsedert niet en is verargert, ende dat hy niet en soude vermoghen abandonneren de vs. kinderkens van I. F. G. hem benolen ende verlaten andere saken van groote Importancie, dye hy daghelicx heeft alhier uytterichten. Bidt daromme, dat uwe Eerw. den vs. Johan Ruebens willen ghunnen peyselick binnen deser stat te moghen woonen dwelck doende sullen wel doen. uwe Eerw. dienar

Johan Ruebens.

Das Original im Stadt-Archiv.

Nr. 19.

Aus dem Verzeichniss der Fremden in Klein St. Martins Kirchspiel. 1569.

In der amtlichen Aufnahme derjenigen Fremden, die sich nicht als Katholiken gerirt, ist verzeichnet:
vor st. Martin
bey Heirman Koch wondt eyner van antorff heist Jan Reubens.

Nr. 20.

Dr. Bets an den Rath.

Prudentissimi et Incliti Consules senatoresque Agrippinae Coloniae.

Quod ante non multos menses ob scria quaedam et magni momenti negotia iussu procerum quorumdam huc commigrarim, quodque palam aut distracta aut euecta supellectile nullo aut cogente aut prohibente nulloque quam violentiae metu e patria decesserim, non temere ad me pertinere non putaui edictum, quo rebelles, iconoclastae, et caeteri, qui huc a quadriennio commigrassent, decedere jussi sunt. Cum enim literis ad me, dum hic sum, non semel missis, satis constare possit, me non tam meo hic versari, quam eorum nomine, quos verisimile non est, vos prohibere velle, ut suos hic habeant legatos, agentes, negotiorumque gestores, merito ex eorum potius conditione, quam mea de me judicari et constitui debere arbitror: praesertim cum eisdem illis negotiis ire, redireque ad Imperatorem coactus, magnam partem ejus temporis quo hic egisse videri possem absumpserim, eoque curatis et ecclesiasticis sim ignotior. Quibus tamen quod vobis ita placere video, per oportunitatem vitae meae rationem, quatenus ad eos pertinet, eadem humanitate qua vicinis, civilibusque omnibus probare paratus sum. Quare prudentissimi et incliti senatores, si hinc intra constitutum diem, quo eisdem illis negotiis mihi non temere commissis satisfaciam non decessero, obnixe peto id alio quam fit animo non accipi. Sed vos existimare cum me esse, qui mandatis voluntatique vestrae, si talis sit, ut nec aliorum nec mei nec eorum quae comme-

moravi omnino rationem habendam putet, acquiescere et
obedire paratus sit.

D. V.
denotissimus
Joannes Betz Jureconsultus.

Original im Stadt-Archiv; aus dem Jahre 1569. Auf der Rückseite von der Hand des Stadtsecretairs Linck: commoratur vff der broider straissen in her lisskirchens Behausunk; prorogatus est illi terminus ad nativitatis Marie et promisit.

Nr. 21.

Die Gräfin von Hoichstraten an den Rath.

G. Heren vnser vndertheuige gehorsame Dinst mit aller
gepürlicher ehrpictungh sindt E. G. zuuor Groessgepied. G.
Heren, wir sollen E. G. in aller vnderthenigkeit nit verhalten, das so vill E. G. gepublicirte vnd verkündichte
beuelschrift dhuit belangenn, vnseren personen mit nichten
betrefft, In Ansehung das wir als die wolgeborne frouwen
Leonora von Momerancy etc. widtwe von Hoichstratenn
nachgelassenn dhiener, umb Ire G. guther zu verwaren,
gescheften vnnd sachen zu vertreten alhie verpliebenn, vnnd
auch darbenebenn eben wie vnsere Gnedige fraw von Hoichstratenn sich alletzeit Catholichs gehaltenn vnnd auch gain
dhiener dan Catholichs angenomen, das wir vnss auch
alletzeit (ohn Rhoum zu reden) Catholichs gehaldenn vnnd
haldenn, als kundich ist, darbeneben sindt wir alhir In
dem Hocff von Rennenberch mit aussdruclicher bewilligungh
des Edelen Heren Frantze von der Loe Herenn zu Wiss
etc. als itzons besitzer desselben Hoeffs, Also das kein artikell ist In E. G. beuelschrifft Inuerliebt, der vnseren personen zu widder ist, oder vnder welchen artikell wir sollen
comprehendirt moegenn werden, Jedoch dweill ess sich
vmmer gepurt, dass E. G. als die gepurliche Oberichcit
disser Hochloblicher berumpter Reichstadt Colleun hieuon

bericht empfangen, Soe habenn wir solchs in aller Oitmoedicher vnderthenigheit E. G. nit sollen verhalten, den almechtigenn in glückseligenn fridtlichenn regimendt beuelende vnd hiruff ein trostlich antwort begerende

E. G.
gantz dinstwillige vnderthenige Dhiener der nachgelassener Wittwe von Hoichtraten wonende in Rennenbergs Hoeff.

Das Bittschreiben ist ohne Datum; es scheint aus dem Jahre 1569 zu sein.

Nr. 22.

Johann Rubens an den Rath.

Eerweyrdighe, Edele, Wyse, voersinnighe Heeren etc.

Gheeft ootmotelich to kennen Johan Ruebens gheborne van Antwerpen, hoe dat hy alhier binnen deser Stadt met synen ghesinne gecomen is metter woonte, om sekere syne processen ende affairen te vorderen, ende dat syne qualiteyt den Eerb. Rhatt met kennisse van sacken is geapprobeert geweest, ghelyck denselven hem heeft verleent brieuen ende orloff van alhier te moghen resideren, belastende den seluen alleenlick met sekere conditie, te wetene, dat hy hem soude quititen in gottlicke ende polique saken, welcken achtervolgende heeft de suppliant alhier huys, wynghaert ende hoff gehuert voer twee Jaren teyghens tweehondert ende sessentsestich thalers tsiairts, hebbende daerenbouen groote costen ende reparatien ghedaen. Binnen middelen tyt heeft de vs. suppliant hem alters vromelick ende eerlick ghedraghen, soo wel in respecte van gottlicke als politique saken, wesende tevreden, soo verne ymant hem wilt accuseren in d'een off dander ouertreden to hebben, dat hy sal voer uwe Eerw. te rechte staen ende voldoen, ghelyck oock de vs suppliant den eedt van getrouwicheyt opte ghaffele ghenoempt windeck ouerlaghe heeft ghedaen, ende

niet en is ghebannen, gheproclameert off ghetickeert[1]) al
ist alsoo dat syne persoon wel is bekent, als geweest hebbende continuelick, acht Jaren een van de wethouderen
ende magistrat der stadt Antwerpen. Bidt daeromme dat
uwe Erw. den vs. suppliant willen laten ghenieten het beneficie, dwelck sy ouerlanghe hem hebben gheghunt, besunder want syne condicie tsedert niet en is verargbert, ende
dat hy alhier heeft uytterichten nootliche sacken ende onmoghelick soude syn van hier te vertrecken, dwelck doende
sullen uwe Erw. wel doen.

uwe erw. dienaer

Johan Ruebens.

den 2. August 1579.

Das Original im Stadt-Archiv.

Nr. 23.

Die Gräfin von Hoorn an den Rath.

Hochachtbare, Vorsichtige vnd weise Herren. Nachdem
E. Hocha. vnnd vors. Weissheit verrückter tagenn ein Edict
offentlich ablesenn vnnd publicieren lassenn, das alle die
Jenige, so sich auss der Kon. Maj. zu Hispanien Niedererblandenn hieher begebenn vnnd niedergesetzt, vnd etwann
der alter Catholischer Religionn (wie dieselbige biss noch
zur zeit Inn dieser Stadt Collenn hergebracht) sich nicht
gemeess verhaltenn hettenn vnnd auch keine Zeugniss Ires
Abscheidtz zeigenn künntten, vor dem dreutzehnten nehistkünfftigen Monatz August vonn hinnen ann andern ortter
verziehen vnnd sich also nach solchem tagh alhie nicht
finden lassen sollen. Nachdem nhun E. Hochachtb. vnnd
vorsichtige weissheidt sich vonn Zeitt Ich mich allhieher
begebenn vnnd niedergesetzt, inn meinem beschwerlichenn
Zustande dermassen gegen mich Christlich vnnd mitleiden-

---

1) Wahrscheinlich: geteistert, wie auch in Nr. 18.

lich erzeigt, das sie mir Herberge, vmb meinen Pfennig zu zherenn, biss hieher günstiglich zugelassenn, Thuenn Ich mich dessen anfangs frombdlich vnnd fleissigklich bedankenn vnd stehe noch in der Ungezweuelter Hoffnung, E. Hocha. vnnd Vors. Weissh. werdenn mir betruebtter widwenn wie bissanhero geschehen, die handt bietenn vnnd auch (als die Inne so dennoch genugsamb vnnd auffs höhist vonn wegenn der vnuerschuldeten enthauptung Weilandt meines geliebtenn Sons Herrn Philippsen von Montmeranci Graffen zu Hoern, wolseligen Gedechtnis, wie auch in gleichem fall der entnemung aller meiner Leibzuchtiger Graff-Herschafften vnnd guter halbenn beschwert vnnd benöttigt bin) nicht hoher zum leidt vnnd bekummernis bringenn. Dan es offenbar vnnd Jedermenigklichen kundig, das Ich widder die Ko. Maj. zu Hispanien etc. niemals etwas thaetlichs vorgenommen, auch widder dieselbige Wber noch Wapffen auffheben lassen, So heb ich auch niemandenn, der Irer Maj. zuwidder gewesen, meines Wissens bi mir vnderhaltenn, Bin auch aus der Kön. Maj. Landeun nicht sunder auss meiner eigner Jurisdiction (die des Röm. Reichs vnngezweivelte Lehenn vnnd demselben also vnderworffen sein) hieher mit meiner Hoffhaltung verruckt vnnd auch mitt meinen Dienneren vnnd Hoffgesinde Iun dieser Hochloblicher Reichsstadt anders nicht dann Inn aller stille Christlich vnnd verantwortlich (wie Ich dann auch hinfurtter zu thuen vrbuttich bin) verhaldenn. Dweill dan vnser allergnedigste de Rö. Kays. Maj. mir allergnedigst Salvagarden vor mich, mein Ambtleuth, Hoffgesindt vnd Diener mittgetheilt vnnd Inn denselbenn beuolhenn, das Ich noch obgemeltte meine Ambttleuth vnnd Hoffdiener durch Jemandtz, was Standtz oder Wesens der auch seie, ausserhalb geburlichenn Rechtens, sollen betrangt oder betruebt werdenn, also langt ann E. Hochachtb. vnnd Vors. Weissheit mein freundlich vnnd fleissigh bitt vnnd begeren, Sie wollenn meine vber die gebuer auffgeladene beschwerungh Christlich vnnd mittleidenlich behertzigenn, Und mich also in dieser hochloblicher Reichs-Stadt Colln als ein Graffinne vnnd Stand des Reichs Inn meiner Hoffhaltungs vnnd beiwhonungh vber recht vnnd fuegh auch vermuegh angerichter Kayserlicher Salvagarden vnbeschwerdt vnnd vnmolestirt lassen, An dem thuenn E. Hochachtb. vnnd vors. Weissheit ein Christlich geburlich Werkh. Das ich mitt meinem ewig. Gebett zu Gott vmb E. Hocha. vnnd vors. Weisshcidt zouerschuldenn vrbuttigh vnd willigh

Anna Geborne vonn Egmont
Graffin zu Hoern etc. Widwc.

2. August, 1570. Original im Stadt-Archiv. Auf der Rückseite: commoratur in dem Rennenberger hoiff. obtinuit prorogationem ad octiduum, Nach verlesener meiner frauwen Supplication hatt es eyn Erbar. Rhaidt bey vorigen edictis vnd folgender Warnung pleiben lassen. Lingk. secr.

Nr. 24.

Schickungsbeschluss vom 5. August 1570.

Obwoll meiner G. Frauwen von Hoichstraten diener im Rennenberger Hoff supplizirt vnd vermeldet, das sei Catholischen glaubens, so ist doch vor guitt angesehen. ehe vnd zuvorn sei Certificationen Pastoris vorbringen, Irem Angeben geinen glauben zu geben.

Das Original im Stadt-Archiv.

Nr. 25.

Der Rath an den Prinzen von Oranien.

Antwort wegen der aussgewichener Frembde.

Unsern willigen bereidtenn Dienst jeder Zeit zuvorn. Hochgeborner Fürst, besonders lieber her. was E. F. D. im Anfangk jetz laufenden August's uss Dillenbergh schrifftlich an uns gelangen lassen, das haben wir uss E. F. D.

schreiben genugsam ingenommen und verstanden. Sollen wir druf E. F. D. dienstlich nicht verhalten, das wir von Anfangk, wie die veränderungh in den Niederlanden sich zugetragen und der ussgewichener eine grosse Mengde sich hieher begebenn, einen so grossen Anzall solcher frembder und unbekanter Leutt einzunhemenn und denen heussliche Beiwohnung bei uns In dieser des heil. Reichs Statt zu gestattenn pilligh (wie E. F. D. aus hohem Verstande lichtlich zu ermessen) Bedenkens gehabt.

Wir haben gleichwoll alspaldt wider dieselbige als unsern benachbarten Underthene nichts ungütlichs oder beschwerlichs fürgenhommen, Dero Zuversicht, gemelte Frembdenn würden sich mitler Zeit entweder an andere Orther haben begeben, oder der Kön. Majestät zu Hispanien unserm gnedigsten Hern dermassen under augen sein gangen, das sie zu gnaden und Irem Vatterlande widerumb hetten gerathenn und wir ihrer mit gutten Willen geubrigt sein mogenn.

Nachdem aber dasselbig zuvill lange verzogenn und gedachte Frembde sich je länger je mehr gehauffet und wir ob dennen allerley Beschwerden und Ungelegenheitt befundenn, ohn das die mit alhie von für alters hergebrachter Religion nitt ebensynnich gewesenn, haben wir von Amptz wegen die notturfft wider dieselbige Bedencken und sie durch öffentliche Edicta und etliche mündliche Proclamata, das ein Jeder zu seiner Gelegenheitt an andere Ortter mit heusslicher wonung verrücken soll, auffordern und mauen mussen, und hetten uns nichts weniger versehenn, den das gedachte ussgewichene und frembde nach solichen vilfeltigenn ermanungen des abziehens, Jnsondheit nachdem wir ins dritte Jahr nach der Publikation unser Edicta Ires gehorsamlichenn weichens und verrückens mittleidlich abgewart, sich unterstauden haben solten wider unsern willen allhie zu verpleiben .... Dweill wir aber nun letzlich im werck gespurt, das die usswendige nitt allein nitt verzogenn sondern noch täglichs sich vermennigfeldigt, wir auch in glaubliche Erfarung kommen, das under Inen vill widerteuffer und anderer im heil. Reich verbottener Sachen anhangen und Gotzlester sich verhielten, das wir uns allerlei beschwerlichenn unraths wie ethwan andern Stetten bey diesen gefehrlichenn Zeitten leider uberkommenn zu befarenn gehabt, vnsern burgern auch nitt allein abgesondert sonder gantze Zunffte von wegen der theurungh, verhinderung burgerlicher narung, gewerbs und Handwerkenn sich derer beiwonung zum hochsten und filfeltiglichen beklaght, haben wir lenger nicht umbgehenn mogen zu wirklicher Executionn unserer Edicte zu verpleiben. Demnach haben wir, ob woll sie zum abzugh obangezogenn geraume Zeitt gehabt, unverkundigter sachen sie nitt uberfallenn noch von uns weisenn wollen, sonder ahm 21 Juli abermalen offentlichenn warnen lassen das wir nach dem 13. August unserer Edicte und Morgensprachenn wurkliche Execution unser und gemainer Stat schaden und unheill zufurkhommen und zu erhaltung gutter einigkeitt zwischen uns und unser burgerschafft an die handt zu nhemmen entlich bedacht, haben, gleichwoll die Moderation und bescheidenheitt darin gebraucht, das wir verstreckung der Zeit denjhenigen so uss erheblichenn ursachenn dieselbige begert, Insonderheit aber Kindtbetterinnen, schwangern Frawen und andern unvermogenden nach gestalt eines Jeden Person nitt verweigert habenn. Demnach und dweil sonst auch keiner under Inen der Augspurgischer Confession bei uns underschiedlich sich erklert, dieselbige auch nach dem helln Buchstabenn des Religionsfriedens (des wir uns zu gutter massen woll zu erinnern wissen, In denen Frei- und Reichstetten, da die furhin im gangh und geprauch gewesen, allein gelittenn werden soll und wir nun ins dritte Jahr Inen zum abzugh Zeit gegebenn), als wollen wir uns gentzlich versehen, Ess werde uns niemandts, vil weniger E. F. D. (die wir dem Almechtigen zu gnedigstem schutz und schirm bevelbenn) als hetten wir Ichtwas der gebur zuwider mit verfugenn oder auch unfreundlichs furgenhommen, bedenckenn. Geben am 25. Aug. anno 1570.

Protocolla actorum, 1569 u. 1570.

Nr. 26.

Designatio admissorum cum iuribus ad extraneos pertinentibus, August 1570.

Extranei admissi cum familia:

D. Joannes Rubens cum uxore, quatuor liberis, duobus famulis, duabus ancillis, duabus prolibus principis Vraniae et cum familia, quatuor ancillis et tribus officialibus.

Nr. 27.

Raths-Protocoll vom 26. Juli 1571.

Der Bürgermeister hatt referirtt, was gestrigen tags in der schickungh vor guith angesehen, nemlich dass die Kirchmeister sampt den offerleuten sollen umbgehen, die uisswendige in schrifft brengen und einem Erb. Rath uberantwortten, und da gein Raidtsverwandter in den Kirspelen vorhanden, sollen aus mittel des rhaidts etliche verordnet werden. Solche meinungh hatt sich ein Erb. Raidt gefallen laissen und ist sulchs dem Stigmeister zu volnzohn bevollen worden.

Den 28. Juli ist solches nochmals gemelten Horn ufferlegt und den thirm- und hauptleutten in allen Kirspelen biss zo veir personen solche muheseligkeitt uff sich zo nemen freundlich zo ersuchen.

Das Original im Stadt-Archiv.

Nr. 28.

Rathsprotocoll vom 13. März 1571.

Catalogus hereticorum et schismaticorum, durch clerum und universitatem überreicht ist verlesen und ist darauf für gut angesehen ...., den Fremden anzusagen, dass sie sich endlich innerhalb acht Tagen aus der Stadt hinwegmachen und dieser Stadt Wohnung meiden sollen.

Das Original im Stadt-Archiv.

Nr. 29.

Die im März 1571 aufgenommene Aufzeichnung der Häuser in Köln, „darin die Geusen noch heutiges Tags sich erhalten", führt im Mauritius-Kirchspiel auf:

Item in weilant Dr. Rincks Hauss wonnen ouch frembde, die sich des Kirchengancks und catholischer Communion enthalten.

Das Verzeichniss vom November 1571 sagt:

„Hansen des Hern vonn Rubbens dhiener in Jonkher Rincken Hauss eins Erb. Raths befelch angezeigt, welch er seinem Heren woll ansagen und sonst Gerhardum vonn Hontom so alle bescheidt hab, der dann dazu bescheiden."

Nr. 30.

Rathsprotocoll vom 13. August 1571.

Meinen Herrn ist glaubig verzalt, dass Jaspar Sonnenmann und Hupert von Koenigsloe na unser katholischen weisen ein Kindt uf die teuff zu brengen sich geweigert. deshalben verdragen und dem Stigmeister Moers, Weinmeister Weiss und Birbaum befollen, gemelten personen diese Stadt ernstlich zu verpieten.

Das Original im Stadt-Archiv.

Nr. 31.

Der Rath an die Prinzessin von Oranien.

Unser williger bereiter Dienst vnd vermogen zuuor. Hochgeporne Fürstin, besonder liebe frawe, wass E. Fürst G. wegen zweier personen Raimundt Ringolt vnnd Maria Röbens halben vnnd dass dieselbe In E. Fürst. G. dienste allerhandt Cleinodie, briefe vnd Segel in gewarsam haben sollenn etc. mit ferrem inhalt schrifftlich an vnss gelangen lassenn, dass haben wir nach langs vernommen vnd wol verstanden. Sollen E. Fürst G. daruff guiter meinung nicht verhaltenn, dass wir woll lyden mogen die obbenente personenn dassjenig wass Innen durch vnsere verordente angesacht recht Ingenommen vnnd dergestalt auch E. Churf. G. weyter fürpracht, dan doctor Betztorp vnnser Sindicus dasjenig was Ime beuollen gewest, geredt hatt, so ist auch vnnsere meinung nicht gewest E. Fürst. G. diener mit denn angezogenen Cleinodien, brief vnd Segell In offene herberge zu uerweysen, vnnss ist nit zu wider dass E. Fürst. G. das Irige In dem oder anderen heuseren auch durch Ire selbst diener woll verwaren lassen, Gleichwoll dass solliche diener sich anders dan Innen gezeimen wurdt, verhalten, oder auch vnder sollichen schein andere mehr leuthen vnderschleiffen, auch villicht heimliche vergaderung machen solten (wie andere gethan), an sollichem haben wir nun mehr gross bedenckenss, würden auch dem gar nit zuseheun können derohalb da E. Fürst. G. die beide personen zo verwarung Irer Cleynodien vnd anderss gebrauchen wollen, soll vnnss nit zu wider sein, so ferne sie sich allerdinge vnuerwisselich halten, keine andere zu inen ziehenn vnd keine ergerniss geben, wolten E. Fürst. G. wir In andtwurdt onuermelt nicht lassen.

Geben am Irsten Decembriss anno 1571.

Protocolla actorum cancellariae, 1571 u. 1572.

Nr. 32.

Auffzeichnuss der fremden sectischer vnd verdechtiger Leuth, so dieser Zeitt sich in Collen noch erhalten vnd nit in Kirchen kommen, vilweniger die heiligen Sacrament entfangen.

In S. Columban kirspell:

Vff der Brüggen in Brouwylers hauss woent eyner von Dorneck, welch mit seiner frawen vnd gesindt nitt zum h. Sacrament gewest.

Auss Clemens hauss ist gefaren der Brabender, ist aber darin gefaren ein ander, der sich auch der Catholischen Religion nit gemess helt.

Under Wagensticker beneben dem wilden man wont ein goltsmitt mit synem gesindt ein spotter der Sacrament.

In der Schildergassen im konigstein hatt man durch die gantze fast fleisch gespeiset, vnd seint lange Zeit In Kyrch nitt kommen.

Darneben zum Lepard bleibt noch dess Bontwerters fraw, hat doch nit communicirt diss Paschen.

Vff der Breiderstrassen gegen dem Conuent zum Esell In der Mullen wonen geusen, die nit zum Sacrament komen.

Beneben dem Zweebuckinck gegen Briwich vber wonen Brabender, die nit in kyrch komen.

Beneben M. Engell von Duitz wonet ein kremer Hanss von Falckenberg, daruon gesacht wirtt, er soll ein ehefraw noch zu Franckfort Im leben haben, sitzt doch hie mitt eyner anderen, die auch schir alle jar jm kram ligt vnd die kynder hie nitt gedeufft werden; Er, auch sein volck ghan nitt zum Sacrament.

Vur den Mynnerbruderen jn knollhanss hauss gegen M. Thonis Schomecher über wönnt eyner, der alde mutzen macht vnd nit jn kyrchen kompt.

Beneben dem Bontwertter vnd dem Swertfeger wonnt ein Seider, der mytt syner frawen vnd gesindt nit in kyrchen kompt.

Vnder gulden wagen beneben M. Bernt Schomecher wonnt nachgelassene witwe Amkomps ein sunderlige promotrix vnd heimliche auffhelderin der Geusen.

Vnder Spormechern In seligen Heren Pyls hauss wonnt die fraw von Leute, die mit dem gesindt sich der kyrchen enthalt.

Beneben Her Pyls Hauss wonnt ein bontwertter, welcher ein heimlicher aufhelter ist der Geusen.

Vff derselben strassen beneben dem Brewhuiss seint komen wonen bynnen wenich tagen Brabender auss der sternengassen.

Vff der Hertzigstrassen Im Einhorngen wonen auch leuth, die nitt zu kyrchen kommen.

Vff derselben strassen In dem heiligen Geist seint gefaren Brabender vnd auff dem anderen Orth der Hertzichstrassen wonnt ein groser Sacramentirer, der heimlich vil schadens thutt verae religioni.

In der klöckergassen in Rolinckswerdt hauss wonnt die fraw von Wickradt, die mit dem gesindt nitt in kyrchen kompt.

Doctor Omphalin fraw hat eynen Geusen zum man, komen nitt jn kyrchen.

Vff der klockergassen ortt jn dem neuwen Hauss wonnt ein fremder Doctor gnaut wier, der mitt der frawen vnd gesindt sich der kyrchen enthalt, und gegen diss Paschen mitt der frauwen, so schwanger war, ghen Duissberg getzogen vnd Brabender ius hauss gesatzt.

In der Pützgassen in des alten Greuen hauss wonen Geusen, die nit jn die kyrchen kommen.

Vff dem Dreck im Moriau wonnt eyner gnant Uyssbuiss von Masstricht, ein heimlicher vffhelder der geusen, welcher hatt ein Dochter, die (wie man sagt) jn den ehestaudt von den geusen zu houff gegeben soll sein.

In der Vilssengassen jn backeneiss erben hauss wonnt sunderlicher geuss, der nit in kyrchen kumpt noch auch sein gesindt.

In der Burssgassen wonnt ein heimlicher geuss, welcher ist ein spotter der heiligen kyrchen vnd verachter der h. Sacrament.

In der Mergardengassen beneben dem Seider vnd dem Leyendecker wonnt ein fraw von Mastricht, die nit jn kyrchen kompt, vnd der man auss jns veldt gefurtt.

In der Mordergassen jn Widerspans erben hauss beneben dem Kesselschleger wonnt ein brabendischer mutzenstricker, er vnd syn fraw komen nit jn kirchen.

In der Langergassen jm freudendall werden fremde geuscn hospitirt.

In S. Mertins kyrspell:
Item vff dem Heumarkt zum Gelehen.
Item hinder S. Marien Im Betgenshauss. disse haben sich noch nitt zu der Catholischen kyrchen begeben.

Item baven muren zu der Trappen ist der man ein mall zu der heiliger communion kommen, die fraw vnd dass huissgesindt niemales.

Wirtt auch gesacht, das sich hin vnd wider vill In kammeren heimlich erhalten, der hoffnung, sie solten hinfortt geduldet werden.

Laurentij:
Item Christianus Ruessberg hatt ein hauss vnder den goltsmidden gelegen, vermedet jörgen Bitter von Essendt.

Item die Erben Uerendorff haben ein Hauss, gegen her Pylss hauss über, uff dem orth von Salmenach vermedet jelis von Sigebergh kommende auss Engellandt.

Item Charissima Camman baven der Marportzen ein hauss vermedet Adriano von koeninckloe.

Item kaffenberg baven Marportz jst vermedet etlichen Niderlendern, welcher nam vnbekandt, der auch etzliche bussen Coln zusamen geben jn die heilige ehe, als man saget.

Item M. Johan Büchsenmecher hatt ein huiss neben sich vnder gulden wage vermedet etligen derre namen vnbekant.

Item Anckemss widwe hatt ein huiss jn der groser Botengassen vermedet Nicolao Moreyn von Torney, fürhin verdreben von S. Laurentz kyrchen.

Item M. Lüdgen Schneider In der groser Botengassen hatt neben sich ein hauss vermedet Duppen Johans son von Mulhem, welchers haussfraw gar widderspennig blibt.

Albani:
In der Hellen In Doctor Achten hauss.
Item zum Pow In der Hellen.
Item vff der sant kuilen In Balthasar Roeders hauss.
Item vff der sant kuilen beneben der Badtstoben.
Item In Mommersloch hauss.

Petri:
In der Schildergassen In Juncker Reuenss huiss, Item neben den munchen daselbst.
Item vur den Augustineren zum Rathstock zwae parthien.
Item In dem tzwartzen hauss.
Item auff dem krechmartt In der alter Badtstuben twae parthien neben den anderen.
Item In der Sternengassen In der Schuren.
Item in Eifflerss frauwen hauss gegen kerstgenss Leiendecker über.
Diese alle communiciren nith mitt vns.

In dem kyrsspell zu S. Aposteln:
Item In der Diepengassen, auen am pütz, erhalten sich leuth, die nummer zu kyrchen kommen.
Item In derselben gassen In D. Achtz grosser behausung wonnt auch frembdt volck, so nit in kyrchen vernomen wirtt.
Item In der Foebgassen In D. Achtz huiss auch dergelicher parthien.
Item In der Diepergassen der Schulmeister In der kyrchen nitth vernommen jst.

Item vss Groenenburger häb jst noch niemantz zum heiligen Sacrament oder kyrchen komen.

Item vff der Ehrenstraissen D. Volbrant hatt sich auch noch nit zu der Catholischen religion bekertt.

Item daselbst In dem Beren vnd daneben ist auch noch niemantz diss fest In besserung befunden.

Item vff S. Apostelen straissen gegen dem pütz In eynem steinen huiss fremdt volck gesessen, so nitt communicirtt.

Item vff dem Numartt vss haetzfeldtz hab jst niemantz zu kyrchen komen.

Item daneben Im Ochssen ist daher niemantz kommen zur Communion.

Mauritij:

Hinder S. Panthaleon Im Rolinckswerdt huiss wonnen etzlige vsslendische, so noch zu der kyrchen noch zu den heiligen Sacramenten ghain.

In S. Severins kyrspell:

Vff der Severinsstrassen In der behausung seliges Godhartz von Bracht ist gesessen Claudius von Permont cum familia.

Item Im negsten huiss zugehoerig der Widwen seliges Henrichs Seelspenners, seint kurtzlich einkommen man vnd weib sampt khinderen.

Item In Behausung Wilhelms von Düsseldorff sitzt noch ein brabendischer man, gnant der knoffmecher mitt weib vnd kinder, hat derselb zwac andere frawen personen by sich.

Diese alle communiciren nitt mitt vns.

Im kyrspell zu S. Johann bey S. Cathrynen:

In der Lewengassen In der klocken sein noch etzlige geusen.

In der Weuerstrassen gegen des Pastors portzen über sein auch noch der Fremden.

Item In der Neuwergassen gegen dem h. Marx Beywich über wonnt ein Doechscherer gnant Herman von Dortman vnd hat auch solche fremden by sich.

Im Sternen beneuen dem Midhauss sein auch dergleiche fremden.

In der Powen für S. Matthyss sein auch solche leuth.

Gegen der Powen über M. Henrich Doechscherer beneben dem Duppenbecker hatt auch der fremden by sich.

In der grosser Witzgassen jn dem hauss Ludestorff gnant, sein auch noch solche fremden. Dweill aber das ander verkaufft ist, die geusen so darin gewonnt haben sein gefaren In die Weuerstrass gegen des Pastors portz vber beneben dem Backhuiss.

In derselben gassen jn dem vierten hauss beneben dem pütz, da der krantz bauen der Duer gemalt, sein auch noch fremden.

Dar entgegen vber jn dem negsten hauss beneben dem ferbhuiss seint auch fremden.

In der fullerstrassen jm farbhauss beneben Jacob von Sintzig muntzer seint dergleichen fremden.

An der Neckelskuylen beneben Gotschalck schiffbeuwer wonen fremden.

Disse all enthalten sich der Sakrament und der kyrchen.

Brigidae:

In Bryllmechers hauss.

Item Im hauss beneben dem Krantz In der Mollengassen.

Item In cinem hauss vnder teschmechern, welche leuth irstlich zu parochia S. Laurentij gewonnt haben.

Joannis in Curia:

Item bei der Drachenportzen In der jseren handt seint nhun leuth einkomen, die den kyrchgank vnd die h. Sacramenter verachten.

Item daselbst gegen der Gotzgenaden vber synt zwei vnbekantte gesellen Cornelius vnd Hermannus gnant, zu den kompt teglichs ein person gehesen Merge, die sich neben der Nusser Herbergh ahm Rhein by der Drankgassen erhelt, vnd myt syden Lyndt vmbghadt die der Widdertauff behafft, als glaubwirdig gesacht.

Item ist darbey ein gädem, dem Roedener jm fyltzengräuen zuheerich dar jn wonnt ein person jm glauben vnd leben verdacht.

Item noch aldar jn eynem anderen gaedem ist der kruitkremer noch nit gewichen, hat sich auch nitt bekertt.

Cuuiberti:

In der Bloemerssgassen jn dem groissen hauss communiciren nith.

Item In Nassawer hoeb gleichfals.

Christophori:

An der Ehrenportzen jn einem hauss, so dem Scheffen Sittart zugehortt, erhalten sich geusen.

Indulgentiarum:

Vff dem alten graben jn kesselss huiss wonnet ein Nidderlendischer Juncker, der nith zu kyrchen kumpt vnd nummer communiciert, wiewoll sich die hausfraw hatt berichten lassen.

Item In D. Achtii Medici huiss wonnet ein Widwe, welcher man ahm lesten inss feldt ist gefortt worden, dieselb communiciertt auch nitt.

Pauli:

Hier halten sich noch gar vbell der Damascaneren auff S. Gereonsstrassen, vnd der krempenmecher jn der Smeherstraisse.

Item nachdem vilmäll predicanten alhie gesehen worden, so tzum Hertzogenbusch vnd anders war vffroir vnd Jamer gemacht haben: Ist zubesorgen, ess werden auch Winkelpredig vnd heimlige bykumpst gehalten der die

Colnischen Bürger jemerlich angestochen vnd verfürtt werden. Noch in parochia Indulgentiarum:

In der Engergassen wonnt ein ledderreider, der niemals jn der kyrchen jst gesehen worden.

Item hinder der Abdissen kuechen beneben dem Vassbender zu dem hospitall wonnen verschiedene parthieen, so In der kyrchen gleichfals nit erschinen.

Den 21. Mai 1572. Das Original im Stadt-Archiv.

Nr. 33.

Rathsprotocoll vom 7. Mai 1572.

Die Gewaldtrichter haben referirt, wie sie die sach mitt den vsswendigen befinden, und dieselben nyt bedacht von hinnen zo weichen, Ist derhalben beschlossen, erstlich dass die Gewaltrichter die Huisshern, darinnen die ausswendigen wonnen zu erleguingh der 50 goldgldn. boissen sollen anhalden; wan alssdan der probationstag abgelauffen, soll der sache ferner nachgedacht werden.

Nr. 34.

Vollmacht von Johann Rubens.

Universis et singulis nos consules et senatus Imperialis civitatis Coloniae Agrippinae salutem et omne bonum. Ad cuiuslibet vestrum notitiam deduci volumus et attestamur, honestum et doctum virum Johannem Rubens filium Bartholomei J. v. Doctorem et civem incolae civitatis Andoverpiensis coram nobis personaliter comparuisse, qui sic constitutus omnibus melioribus via, Jure causa et forma quibus melius et efficatius de jure potuit, fecit constituit, creavit atque solemniter deputavit suos veros certos et indubitatos Procuratores, Actores, Factores et negotiorum infra scriptorum gestores et nuntios generales et speciales, ita tamen quod specialitas generalitati non deroget vel e contra, Videlicet conspicuos viros nec non honestas Matronas Mariam Pipelingk, Henricum Pipelinck, Bothonienses soceros suos, Dionysium Pipelink Patruum suum et Philippum Landemetez fratrem suum, cives Andoverpienses, absentes tanquam presentes et quemlibet illorum insolidum, Ita tamen, quod non sit melior conditio primitus occupantis neque deterior subsequentis, Sed quod unus illorum inceperat, alter ipsorum prosequi, mediare et terminare valeat et finire dans et concedens iisdem procuratoribus suis plenam et omnimodam potestatem ipsius constituendis ejusque liberorum nomine omnia et singula negotia ex quacumque causa incidentia se ipsum constituentem suosque liberos quocunque modo, presertim vero solutionem reddituum suorum, qui sibi in oppido Baestrode prope Darmondam debentur sollicitandi, exigendi, acceptandi et quietandi, concernendi, tractandi, gerendi, exercendi et defendendi, In specie vero suo liberorumque suorum nomine haereditatem et bona, quae ex testamento matris suae honestae mulieris Barbarae Spirinx et Vitrici sui Johannis de Landmetez ab predictorum Vitrici et matris suae morte sibi et liberis suis devoluta sunt, Juxta morem patriae et stilum judicialem legitime adeundi eaque sic adita cum coheredibus suis rite dividendi, rationem cum executoribus permemorati testamenti ponendi, ineundi et concludendi eosque liberandi et super receptis quietandi, vendendi quoque omnia et singula bona mobilia preciumque recipiendi, Immobilia vero bona locandi, permutandi, oppignorandi et quovis modo alienandi eosque liberandi Insuper et ipsius constituentis nomine omnia alia et singula sua bona negotia et causas sibi quocumque modo competendi, nominatim etiam solutiones reddituum suorum, qui sibi in oppido Baestrode prope Dermondam debentur sollicitandi, exigendi acceptandi et quietandi Aliaque et singula faciendi, quae circa praedictam additionem, divisionem, computationem ceteraque praemissa necessaria videbuntur. Et si necesse foret ex praemissis coram quibuscunque iudicibus tam secularibus quam ecclesiasticis quacunque auctoritate fungendi sive functuris comparendi, agendi et defendendi, Libellum seu libellos et quascunque alias petitiones verbo vel in scriptis dandi, offerendi et recipiendi, excipiendi, replicandi, duplicandi, triplicandi et quatenus opus quadruplicandi, Litem vel lites contestandi et contestari videndi de columnia vitandi et quodcunque aliud licitum juramentum in animam constituentis prestatis prestandis, cum potestate substituendi. Actum XXVI Mensis Aprilis Anno 1577.

Protocolla actorum cancellariae, 1577 u. 1578.

Nr. 35.

Hochachtbare Erentveste vursichtige weise auch groissgunstige gepictende Herren. E. G. sollen wir deinstlich zu kennen geben, was gestalt wir vnss hiebeuor ein geraume Zeit in den Niderlanden Keiner andern Ursachen dan vnser hanttirung vnd Kauffmannschafft zu dreiben erhalden vud dweill wir daselbst besorgter gefahr halbenn von wegen der grossen emporungen vnd Kriegsleuffen nit lenger verpleihen mugen, So habenn wir mit sonderlichem Fleiss na ander gelegenen vnd bequemen ordtern vnd platzen, da wir jetzt gemelte vnsere Kauffmannschafft ohn gefahr mit gutter gelegenheit vnd commoditiet in Raw vnd fridden ferner continuiren möchten. Derhalben wir zuletzt mit sonderlichem furwitz vnd radt ausser vielen Reichsstedten In deutscher nation disse Freie Reichsstadt Colln auss villen Ursachen vnd sunderlich wegen Ires alten vnd in der gantzer Christenheit gutten berumbten Nhamens, da biss anhero Jederzeit die Catholische Religion vnd dabey gutter fridt altzeit gehaltenn wordenn, vnd sunst vmb gelegenheit der platzen vnd grosser commoditiet anscheissenden Reins ausserkoeren, der gentzlicher verhoffnungh vnd vertrostung, es soldt vnsere hanttiernng hieselbst mit besserm vortgang

prospereren vnd zunemen auch der Statt Colln nit geringen
furtritt beibringen. Seindt also für etlichen Monatten alhie
ankhomen vnd haben vnss durch anlaidung gutter Herren
Burgern einstheils E. G. lobliche stadt ordnung zu halten
vnd vnss vnderthenigh zu erzaigen, andertheils auch mit
gutten Herrn Khundtschafft zu machen vnd vnser wandell
publice kundt zu thun vnd zu bezeugen vff die vurnembste
Gesellschafft vnd Gaffel windeck genant, daselbst vnsern
Bürgerlichen Eidt geleistet vnd thun vns gegen E. G. vnd
die ganze stadt in aller vnderthenigkeit hochstes fleiss
derohalben bedancken, dass dieselb vnss als fremdlingen
so guitwillig vffgenommen, sein auch E. G. inn allen Dingen zu gehorsamen vnd allen diesser Statt ordnung vnd
gutter policeien gemess zu halden, vnd was auch E. G.
ferner vnss vfflegen wollen, mit einem jeden Bürger in allen
fridden ohn Innig hadder oder Zanck zu lebenn vnd bey
zu whonen gantz geneigt vnd vrbuttigh. Nhun aber, gnedige gepietende Herrn, wollen wir E. G. gleichwoll auch
kleglich zu kennen geben, das wir die Kleine vnsers an-
kommens offentlich gespurt vnd gemirckt, das vns ville
Burger nit allein abgunstig vnd geheessig sonder auch vff-
setzig, also dass sie vnss grossen mutwillen vnd schmelige
Injurien nit allein mitt worten sonder auch mit der thatt
zufuegen, wissen nit wamit wirs verschuldt haben soldten
vnd in specie zuuermelden, etliche vnss zu schlagen vnd
zu beschedigen bedrauwet, etliche auch bei lichtem tagh
vnss anzuferdigen vnd mit schmeligen schimpfflichen worden nach zo roffen, vnd was mehr ist, etzlich vnss mit
Dreck vff der strassenn zu werffen vnd daneben auch nit
allein hinderugs sonder auch offentlich in vnser Angesicht
vnss als Verreder vnd schelmen zu schelden vnd auss zu
schreien sich gelusten lassen.

Dweill wir nu vur vnser perschoin als frembling villieber
mitt gutter manieren dero Burger gemuet und gutte gunst
zu vnss gewinnen, dan In specie aber solchs vnrecht, schmehe,
besorgte beleidigung vnd gefahr, clagen vnd dadurch mehr

vngunsten vnd verbitterungh vff vnss ladenn wollen, vnnd aber bey vnss ermessen, das E. G. alss die hohe Obrigkeitt disses ortts sulch mutwillich vnrecht vnd schmehe in solcher freier Reichsstatt nit gerne sehen, vilweniger leiden sollen, Dennoch so bitten wir E. G. gar vndertheniglich, dieselb wollen nit allein bey sich vber vnsere Burgerliche beywonungh beratschlagen, sonder auch sunst ferner bey dem gemeinen man vff den Gaffeln sich erkundigen, ob die gemeine vnss in guttem fridden vnd freundschaff bei sich dulden vnd leiden mugen, Ob aber sunst E. G. vnss gegen allen dergleichen freuell vnd vnrecht beschutzen wollen, da dan E. G. befinden wurden, dass bei vnss einige vrsach, damit wir mit recht beschuldigt muchten werden, wollen wir vnss als gehorsamer E. G. zu gepuerlicher straff vnderworffen haben. Da aber E. G. der gemeiner Burger gemuet dero gestalt gegen vnss gesinnet oder sunst vnser beywonungh vnrait vnd vndeinlich vernemen vnd erachten konnen, In dem fall bitten wir, das wir doch nit verhoffen, angesehen wir vnss in allen sachen als mitburger gehorsam erzeigen vnd leiblich vnd freundtlich gegen Jedermenniglich halden wollen, wie wir vnss gentzlich getrosten zu E. G., die wollen vnss dasselb in gutter Zeit als darnach zu richten gunstiglicg anzeigen vnbeschwert sein, ein gnadig zuuersichtig antwort Pittende.

E. G. gehorsambste
natio Italica pro tempore Colonie residens
subscripsit.

Cosmo Cini. — Hier. Gallina. — Carlo Navaroli. — Gio. Batt. Basco. — Fabio Agostini. — Gio. Batt. Luchini. — Franc. Cambi. — Paulo Burlamae. — Ottavio Magni Cavalli. — Bald. Rocla. — Franc. Cassina. — Cipriano Campomenoso. — Pio Fran. Visconti.

Den 9. Juli 1578. Das Original im Stadt-Archiv.

Nr. 36.

Hans de Koninck hieft sin Kient laten doopen den 8 November 1579, getught Remont Reynout, Jan Reubens.

Aus dem Taufregister der holländisch-reformirten Gemeinde, 1588—1591, p. 250.

Nr. 37.

Wilhelm von Gottes Gnaden Printz zw Uranien, Grawe zw Nasaw, Catzenellenbogen etc.

Unser günstig gruss vndt alles guets zuuor Ehrenveste hochgelerte erbare weise liebe besondere. Wir haben mit vnsrem grossen leidtwesen kurtz verrückter tage verstanden, welcher gestaldt Ir meister Heinrich Hueckel sambth noch andren burgern der Stadt Collen gefangen genommen vndt bis dahero in schwährer verstrickung, doch auss keiner andern vrsach, dan das sie der gereformirten Religion zugethan, gehalten habet, welchs vnss desto mehr befrembdt vnd betrübet hadt, dieweill wir woll abnehmen khunden, was nachdenkens vnd einsehens es denjenigen thudt geberen, die einige Religion im Reich nicht verbotten bekhennen, dass sie sich sonder anderr vrsach gegen den Religionsfriden mit alsolcher verhafftung molestert vnd beschwehrt sehen sollen, Insonderheidt aber dieweill dasselbige den Collnischen bürgerlichen Rechten, dadurch sie verpflicht seindt, einer die andern in guter ruhe vnd einigkaidt zu vnderhalten helffen, nicht zugegen ist. Hieneben habt Ir zu gedenken, in was gefhar, auffruhr vndt emotion sich andere stede vndt provincen als wol innerhalb als ausserhalb des Romischen Reichs dardurch gesteldt haben. Dargegen aber das die wolfhardt, ruhe vnd einigkaidt der Stadt Collen biss dahero meisttheils hierauff beruhet, das die Obrigkeidt die burger wegen der Religion so wenig gemolestert vndt genötiget haben. Derwegen Ir dan vilmehr verursacht sein solt die ermelte burger vndt stadt Collen in gewöhnlicher ruhe vndt einigkaidt zu vnderhalten, dan mit solchem wesen vndt thun dieselbige stadt in alsolche gefhar, auffruhr vndt emotion zu bringen, darin vill andere Provincen vndt Stede, die desgleichen gethan, gefallen seindt. Welchs wir Euch aus vielen beweglichen Ursachen vnd sonderer affection vnd zuneigung, so wir zw ewr vnd der stadt Collen wolfharth, ruh vnd einigkeidt bis dahero getragen, nicht haben verhalten wollen, gunstig hiemit gesinnendt vnd bittendt, Ir wollet alsolche newigkaidt abschaffen, diejenigen, so der reformirten Religion zugethan, In Irem gewissen hinfurter nicht zwingen oder beschwehren vnd ermelten Heinrichen Hunckell sambt den andern der hafft, da sie nuhe in sein, erledigen vndt frey lassen. Daran erzeigt Ir vnss ein sonders angenemes Wolgefallen, welchs wir gegen euch mit soudrem gunstigen willen zu erkhenen jederzeidt gantz genaigt vndt wolgewogen seindt, Wie Ir dan dasselbige durch den hern van Rumen vndt Doktor Albada, welchem wir dasselbige vnsertwegen anzubringen ersucht haben, weiter verstehen werden. Bittendt Ir wollet demselbigen in diesem fall gleich vnss selbst guten glauben geben. Datum Ins grauen Hage am 7. Aprilis anno 1580.

Ewr guter freundt
Wilhelm printz zu Uranien.

Original im Stadt-Archiv.

Nr. 38.

Den 29 april anno 1581, hans de koninck syn kint ghetuygen Reymont Ringout, Mr. Jan Ruebens inde syn huysvrau.

Aus dem Taufregister der holländisch-reformirten Gemeinde, p. 262.

Nr. 39.

Zeugniss des Raths für die Wittwe Rubens.

Universis et singulis cuiuscunque status, conditionis et praeeminentiae fuerint, ad quos hac nostrae patentes literae pervenerint, easdem legerint vel audiverint, Nos consules et Senatus Imperialis et liberae Civitatis Coloniae Agrippinae digna salutatione praemissa notum facimus et attestamur, honestam Mariam Pepelings quondam doctissimi viri Johannis Rubens legum doctoris conjugem, viduam cum jam dicto marito suo ab anno minoris numeri sexagesimo nono usque in hunc infra scriptum annum et diem in hac civitate nostra consuetum domicilium habuisse seque viduam adhuc habitare atque uti morigeram civem et incolam bene deceat, in omnibus gessisse et adhuc se gerere absque dolo et fraude. In cujus fidem ad ulteriorem dictae viduae instantiam praesens documentum secretioris sigilli nostri appressione communiri mandavimus. Datum XXVII Mensis Junii Anno salutis Millesimo quingentesimo octogesimo septimo.

Concept in den Protocollen der Canzlei.